Christo Foerster

ABEN TEUER LAND

Von der Zugspitze nach Sylt

HarperCollins

1. Auflage 2022
Originalausgabe

Gesetzt aus der Recia
von GGP Media GmbH, Pößneck
Druck und Bindung von CPI books GmbH, Leck
Printed in Germany
ISBN 978-3-365-00030-4
www.harpercollins.de

»ICH GING DEN BACH HINUNTER,
BIS DARAUS EIN FLUSS ENTSPRANG.«

Niels Frevert

INHALT

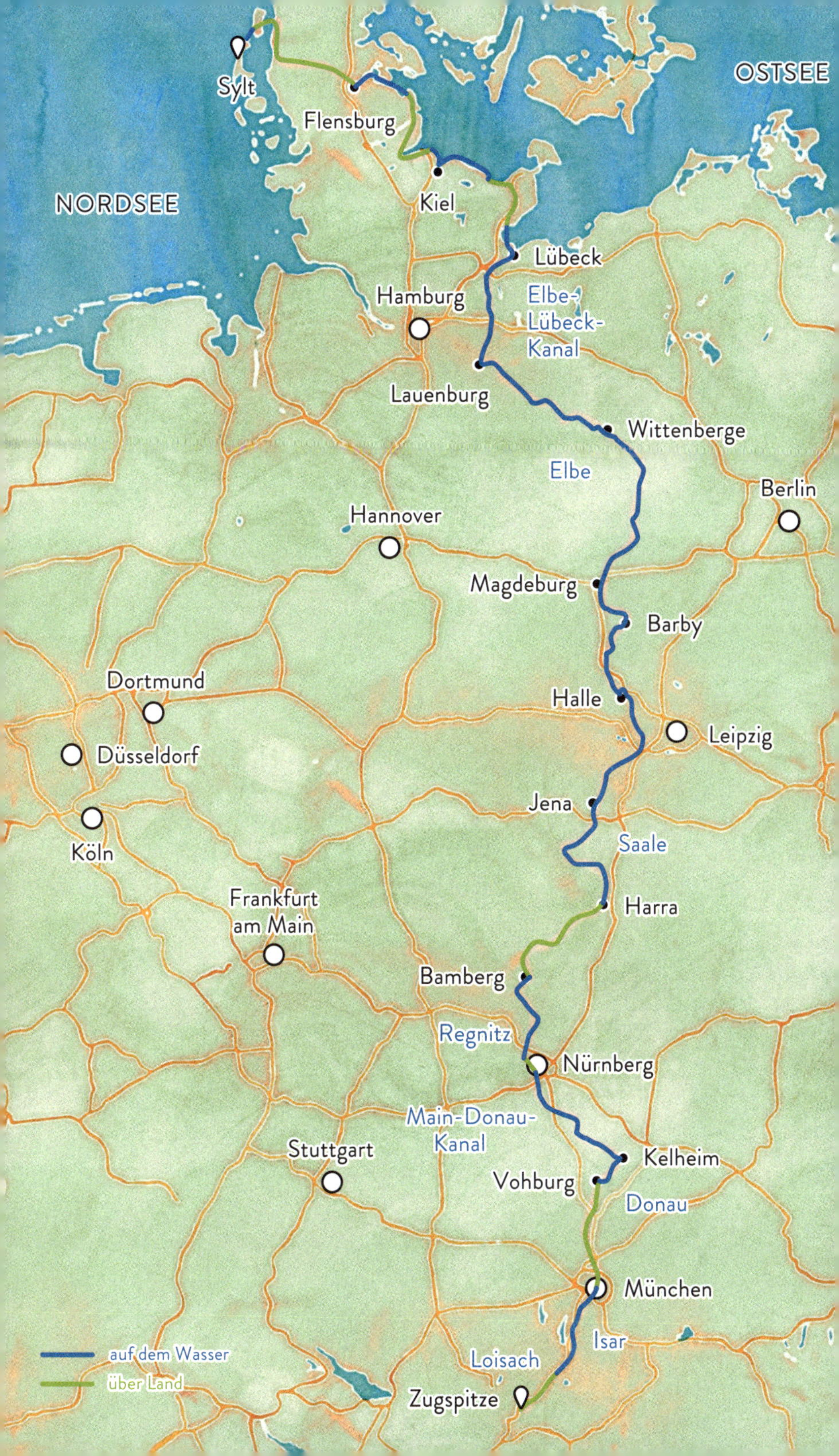

OSTSEE
NORDSEE
Sylt
Flensburg
Kiel
Lübeck
Hamburg
Elbe-
Lübeck-
Kanal
Lauenburg
Wittenberge
Elbe
Berlin
Hannover
Magdeburg
Barby
Dortmund
Halle
Leipzig
Düsseldorf
Jena
Köln
Saale
Frankfurt
am Main
Harra
Bamberg
Regnitz
Nürnberg
Main-Donau-
Kanal
Stuttgart
Kelheim
Vohburg
Donau
München
Isar
Loisach
Zugspitze
auf dem Wasser
über Land

01

CALL IM KABUFF

Festgesetzt und ausgelutscht

»Maaama, wie lange schläft Papa noch?« Bis eben bildete das Gemurmel jenseits der angelehnten Zimmertür mit dem Klappern von Geschirr und Buntstiften, dem Knarzen der Treppe und dem Surren der Elektrozahnbürsten einen Geräuschteppich, der sich unauffällig unter meine Halbschlafträume legte. Nun hat meine Familie aber offenbar die Entscheidung getroffen, dass es reicht. Mit Inbrunst schreit meine Frau Anja von unten: »Lass ihn mal noch ein bisschen! Ich glaube, der ist gestern wieder spät ins Bett gegangen.« Ja, das ist er. Aber vielleicht will er deshalb auch WIRKLICH noch weiterschlafen! Warum kommt ihr nicht gleich mit dem Megafon rein und brüllt mir ein »Lass dich nicht stören!« ins Ohr? Ich habe noch nicht einmal das Bett verlassen und bin schon so genervt wie nach vier Stunden Videocall mit meiner Steuerberaterin.

Das Fenster in der Dachschräge ist nur einen Spaltbreit geöffnet, aber ich spüre, dass es draußen eiskalt geworden ist. Schon seit Tagen liegen die Temperaturen unter dem Gefrierpunkt, heute Nacht sind sie wohl noch weiter gefallen. Ich rappele mich auf und muss über mich selbst schmunzeln. Wo ist sie hin, meine Gelassenheit?

Beide Kinder sitzen schon an ihren Schreibtischen und haben mit dem Homeschooling begonnen. Dritte und fünfte Klasse, erstaunlich selbstständig, aber doch mit tausend Fragen. Bis mittags bin ich es, der versucht, Antworten darauf zu finden, so haben Anja und ich es vereinbart, um halbwegs organisiert durch den Lockdown zu kommen. Vormittags macht sie das Wohn- und Esszimmer zum Konferenzraum (was zu skurrilen Szenen führt, wenn wir anderen hinter ihr gebückt oder auf allen vieren zum Kühlschrank schleichen), nachmittags und abends arbeite ich an meinem Kram, wie gestern, meist bis spät in die Nacht hinein.

Ich weiß, dass es mir guttun würde, mehr draußen zu sein, gerade jetzt, aber es ist momentan nicht so einfach. Um dem ganzen Pandemiewahnsinn wenigstens etwas die Stirn zu bieten, habe ich eine alte Badewanne in unseren kleinen Garten gestellt und lege mich jeden Tag drei Minuten ins kalte Wasser. Heute klappt selbst das nicht. Nachdem ich mit den Kindern die anstehenden Aufgaben durchgegangen bin und mir den Bademantel übergeworfen habe, stehe ich vor der Draußenwanne und prügele wie blöd mit dem Vorschlaghammer auf das Eis ein, das sich darin gebildet hat. Gestern ging das doch noch! Irgendwann habe ich die dicke Schicht in einen riesigen Crushed-Ice-Haufen verwandelt. Aber da ist kein Wasser mehr, zumindest nicht genug, um sich hineinzulegen. Kurz versuche ich es und sitze auf dem Trockenen wie die Arche Noah nach der Sintflut. Also dreimal tief Luft holen, wieder nach drinnen und das Beste machen aus diesem Tag, der kaum holpriger hätte beginnen können.

Ist das alles eine biblische Prüfung? Die letzten Wochen haben schon schwer an unseren Kräften gezehrt. Erst wurde Anja positiv auf das Coronavirus getestet, dann ihre Eltern, die seit zwei Jahren schräg gegenüber wohnen. Zack, alle in Quarantäne, keinen Schritt mehr vom eigenen Grundstück runter. Klare, nachvollziehbare Vorgaben, die das Korsett, in dem sich unser selbstbestimmtes Leben – und natürlich nicht nur unseres – durch die Pandemielage ohnehin längst befand, noch weiter einschnürten. Nur für den Weg rüber zu Anjas Eltern setzten wir uns über diese Vorgaben hinweg, denn irgendjemand musste sich ja kümmern. Anjas Vater konnten aber weder wir noch die Ärzte retten. Er starb vor zwei Wochen auf der Intensivstation. Nur weil der behandelnde Arzt beide Augen zudrückte, durfte Anja ihn dort noch einmal kurz sehen. Die Kinder und ich waren aus unerfindlichen Gründen gesund geblieben, aber natürlich angeknockt vom Drama um uns herum. Mittlerweile ist die Quarantäne zwar aufgehoben, dafür wurde der Lockdown um eine Ausgangssperre zwischen 21 und 5 Uhr ergänzt. Wie gesagt, es ist nicht so einfach momentan.

Während ich stoisch zwischen den Schreibtischen der Kinder hin- und herrenne, Matheergebnisse durchsehe und Word-Funktionen erkläre, verliert sich mein Blick immer wieder in den kahlen Ästen der Bäume jenseits der Fensterscheiben. Ich weiß genau um die positive Wirkung der Natur für das Seelenheil, aber jetzt, wo ich schlichtweg nicht so raus kann oder darf, wie ich möchte, erscheint sie auf einmal als echter Sehnsuchtsort. Erst neulich habe ich im Podcast wieder über die kleinen Möglichkeiten gesprochen, die auch jetzt noch bleiben, darüber, dass JEDE Minute vor der Tür eine gute Minute ist. Nur: Auf Dauer lässt sich so eingeschränkt auch kein erfülltes Leben leben.

»Guck mal, ein Bild für Mama, damit sie nicht zu traurig ist wegen Opa.«

»Da wird sie sich sehr freuen«, sage ich lächelnd. Unser Sohn hat – wahrscheinlich irgendwann zwischendurch, so richtig habe ich das nicht mitbekommen – einen Fluss gemalt, der sich durch eine Hügellandschaft schlängelt und an dessen Ufer dichte Laubbäume stehen. Wir knarzen zu dritt die Treppe runter, um Anja das Bild zu zeigen und sie mit Mittagessen abzulenken. So mühsam diese Zeit auch ist – wir machen sie immerhin gemeinsam durch.

Später sitze ich im Keller vor einem Mikrofon, das von einem Schwenkarm aus schwarzem Metall in Position gehalten wird. Um mich herum stehen Schaumstoffplatten und eine dicke Isomatte, über mir hängt ein Daunenschlafsack, so aufgespannt, dass er möglichst viele Töne schluckt. Ich habe mir dieses Kabuff eingerichtet, um Aufnahmen für meinen Podcast zu machen. Tageslicht und Telefonempfang gibt es zwar nicht, aber seit ich ein langes Kabel über die Kellertreppe bis hier runter gelegt habe, komme ich zumindest ins Internet und kann auch Interviews aufzeichnen, ohne Menschen »in echt« zu treffen.

In den Muscheln meines großen Studiokopfhörers klingelt es kurz, dann erscheint ein Gesicht auf dem Computerbildschirm, auf das ich mich schon seit Tagen freue: Es gehört Holger Heiten, Psychotherapeut, Mitbegründer und Leiter des Eschwege Instituts, einer der erfahrensten Experten für Visionssuchen. Eine neue Vision wäre genau das, was ich jetzt ganz gut gebrauchen könnte. Wahrscheinlich brauchen wir sogar alle eine, eine neue Idee von Leben, gesellschaftlich, wirtschaftlich, politisch. »Krisen erfordern immer neue Visionen« – vielleicht habe ich das mal irgendwo als Zitat gelesen, vielleicht ist es aber auch einfach nur offensichtlich.

Die Visionssuchen, wie er sie durchführt und lehrt, erklärt mir Holger, haben ihren Ursprung in den rituellen Prüfungen indigener Völker. Oft ging es dabei um den Übergang zum Erwachsensein. Die jungen Männer (es waren meist Männer, denn nur in wenigen Kulturen gab es solche Rituale für Frauen) begaben sich über mehrere Tage an einen entlegenen Ort in der Natur, um durch Fasten, Schlafentzug und andere Formen der Selbstmarter Visionen zu erlangen, die sie im kommenden Lebensabschnitt leiten würden. Die extremen körperlichen Erfahrungen führten oft zu Halluzinationen, die als Kontaktaufnahme zu einem persönlichen Schutzgeist wahrgenommen wurden. Dieser sollte fortan an der Seite derer stehen, die ihm begegnet waren. Wer die Prüfung erfolgreich meisterte, wurde bei seiner Rückkehr gefeiert und war gerüstet für das, was vor ihm lag. »Initiationsriten gab es in fast allen Kulturen«, erläutert Holger, »natürlich nicht zwingend in solchen Ausprägungen, aber außergewöhnliche Herausforderungen waren sie immer und sind es heute noch.«

Seine eigenen prägenden Erfahrungen machte er in Kalifornien, wo die Psychologen Meredith Little und Steven Foster eine adaptierte, mit heutigen ethisch-moralischen Werten vereinbare Form der Visionssuche entwickelten. Der Ablauf ist folgender: Die Teilnehmer und Teilnehmerinnen (endlich sind auch Frauen dabei!) werden erst einige Tage in intensiven Gesprächen auf die große Prüfung vorbereitet, dann geht es – ebenfalls für einige Tage – alleine in die Natur, ohne feste Nahrung und Kontakt zur Außenwelt. Anschließend werden die dort gemachten Erfahrungen und Erkenntnisse in größerer Runde und in Einzelgesprächen sortiert.

Ich möchte von ihm wissen, zu welchem Zeitpunkt es sinnvoll ist, diesen Schritt zu gehen. »Immer dann, wenn du das Gefühl hast, vor einem neuen Lebensabschnitt zu stehen«, antwortet Holger. »Deine Rolle in deinem Umfeld und das, was dir wichtig ist, wird einfach klarer, wenn du dich wirklich ganz fokussiert mit dir beschäftigst, in der Natur, ohne Ablenkung von außen. Die Natur ist ein wunderbarer Spiegel. Wir können uns selbst in ihr erkennen.« »Uns selbst erkennen«: Normalerweise begegnen mir Worte wie diese entweder als Floskel oder wichtigtuerische Überhöhung. Aus Holgers Mund sind sie aber weder das eine noch das andere. Der Mann hat genau das, was mir gerade am meisten fehlt: eine tiefe innere Ruhe, in der Zufriedenheit, Demut und Hoffnung schwingen.

Als wir unser Gespräch beenden, starre ich lange an die schlafsackverhängte Kellerdecke. Neuer Lebensabschnitt, Prüfung, die Natur als Spiegel, raus, Klarheit gewinnen – all das tanzt durch meinen Kopf, vermischt sich erst mit den Eindrücken der letzten Tage und Wochen, dann mit heimlichen Abenteuerträumen und zuletzt mit dem Bild, das unser Sohn heute gemalt hat. Dieser Fluss, die Hügel und Bäume. Was, wenn ich die Idee der Visionssuche für mich anders interpretiere und mich länger rausziehe, mich einer großen Herausforderung stelle? Ich spüre, wie sich etwas hochschaukelt in mir. Mein Gewissen versucht krampfhaft, dem Bauchgefühl Argumente entgegenzusetzen (zu egoistisch, die Familie!), aber ich ahne, dass es am Ende machtlos sein wird und es schon jetzt kein Zurück mehr gibt. Wie soll das Leben denn weitergehen ohne Vision von dem, was nach solch einer Krise kommt? Ich bin nicht bereit, mich einlullen zu lassen von dem, was passiert. Ich will meinen, unseren Kurs selbst bestimmen.

Als ich die Kellertreppe wieder hinaufgehe, fühle ich mich wie Phönix, der aus der Asche emporsteigt – auch wenn mein Antlitz alles andere als prachtvoll glänzt und sich de facto nicht wirklich etwas geändert hat an meiner Situation. Allerdings ist da jetzt dieses anhaltende, leicht euphorische Kribbeln. Ich weiß nicht, ob Anja und die Kinder ahnen, dass heute Nachmittag etwas passiert ist in meinem Kabuff, erzählen tue ich jedenfalls nichts davon.

In den nächsten Tagen wird mir klar, dass das Gespräch mit Holger ein Ruf war, dem ich folgen muss. Ich bin jetzt dreiundvierzig Jahre alt, eigentlich genau in dem richtigen Alter für eine ausgewachsene Midlife-Crisis. Aber ich will mir kein Motorrad kaufen, auf Studentenpartys gehen oder mich in eine Affäre stürzen. Ich will eine neue Vision. Nach und nach formt sich aus den Fragmenten meiner Sehnsüchte und Spinnereien eine konkrete Idee: einmal komplett durch Deutschland, alleine und aus eigener Kraft, auf dem Wasser. Ich würde mein Stand-up-Paddleboard schultern und mich damit von Fluss zu Fluss durchschlagen – von Süden nach Norden, andersherum müsste ich zu oft gegen die Strömung paddeln. Welche Route könnte ich nehmen? Vom Bodensee aus einfach den Rhein hinunter? Von München bis nach Hause, in meinen Wohnort Hamburg? Vom höchsten Punkt Deutschlands bis zum niedrigsten, also von der Zugspitze bis nach Neuendorf-Sachsenbande unweit der Elbmündung? Oder von der Zugspitze bis zum nördlichsten Punkt der Republik auf Sylt? Von der Zugspitze bis nach Sylt! Diese Variante gefällt mir zu gut, als dass ich sie noch mal auf Umsetzbarkeit überprüfe, bevor sie sich in meinem Großhirn einloggt.

Immer noch behalte ich meine Gedanken für mich. Es vergehen Tage und Wochen, die ständig gleich ablaufen. Wie eine schwere Glocke legen sich pandemiebedingte Beschränkungen und das Hamburger Winterwetter über unsere Gemüter. Wir halten uns gut, vor allem Anja und die Kinder bewundere ich für ihr Durchhaltevermögen, aber es wird Zeit, dass der Frühling kommt und wieder Leben ins Leben bringt. In meinen Recherchen, die ich nebenher heimlich betreibe, stelle ich fest, dass es gar nicht so einfach ist, über das Wasser von der Zugspitze nach Sylt zu kommen. Das geht schon ganz am Anfang los. Wie soll ich mit dem Board runterkommen von Deutschlands höchstem Berg? Ich rede mir ein, dass das schon irgendwie funktionieren wird, und vermeide, mir zu viele Gedanken darum zu machen – aus Angst, auf gute Gründe dagegen zu stoßen. Gleichzeitig wird mir klar, dass ich diese Idee als Expedition verstehen muss, wenn ich sie wirklich durchziehen will. Sprich: Ich brauche Ausrüstung, auf die ich mich wirklich verlassen kann, die aber so leicht wie möglich ist, weil ich sie auch über Land transportieren muss, und das nicht nur die Zugspitze runter. Eins steht für mich fest: Ich will alles, was ich für den Weg brauchen werde, eigenhändig schleppen, ohne irgendwo etwas zu hinterlegen oder mir unterwegs anreichen zu lassen. Wenn, dann soll das ein ehrliches Ding werden, von vorne bis hinten.

Ich definiere eine grobe Route über die Loisach, Isar und Donau, dann über die Naab bis nach Thüringen an die Saale. Über die Saale würde ich zur Elbe gelangen, kurz vor Hamburg in den Elbe-Lübeck-Kanal abbiegen, die Ostseeküste hoch, rüber an die Nordsee laufen und von dort die letzten Kilometer nach Sylt paddeln. Ich überschlage die Strecke, die ich pro Tag schaffen könnte, wenn alles gut läuft, und komme auf acht Wochen Reisezeit. Acht Wochen!? Wie, bitte schön, soll das funktionieren? Ich traue mich ja im Moment kaum, eine Stunde Fahrrad zu fahren, ohne ein schlechtes Gewissen zu bekommen.

An einem sonnigen Februartag fahren wir an den Elbstrand. Anja und ich, die Kinder, Anjas Mutter. Ihr Vater war in den Monaten vor seinem Tod nicht mehr viel draußen, aber hier haben wir den letzten gemeinsamen Spaziergang gemacht. Es ist Zeit, noch einmal gebührend Abschied von ihm zu nehmen. Seine Asche liegt zwar schon auf dem Grund der Ostsee, aber wir brauchen noch ein Ritual, für uns und für ihn. Ich habe aus alten Brettern eine kleine, floßartige Holzkiste zusammengenagelt. Darin liegen ein Foto von Anjas Vater, das ihn am Tag unserer Hochzeit zeigt (die wir auch hier am Elbstrand gefeiert haben), Briefe (jeder von uns hat einen geschrieben), Blumen und selbst gemalte Bilder. Wir stellen noch Kerzen hinein und suchen uns eine ruhige Ecke im tiefen Sand. Der Wind weht schneidend kalt von Westen, aber die Sonne hat schon Kraft genug, um in unsere Herzen zu kriechen und Dankbarkeit in die

Trauer zu mischen. Wir halten inne, ich lese eine Geschichte vor und spreche ein paar Worte. Dann lassen wir die Holzkiste am Ende einer Buhne ins Wasser. Ganz langsam nimmt die Strömung sie mit in Richtung Meer. Ankommen wird sie dort vermutlich nie, ich habe sie extra so konstruiert, dass sie vorher untergeht. Ja, das Leben ist ein Fluss, es fließt unaufhörlich und mündet irgendwann im Meer. Schöner Vergleich, hinkt mit Blick auf die Holzkiste in diesem Fall aber gehörig.

Am Tag darauf wage ich es, Anja von meiner Idee mit der Reise zu erzählen. »Natürlich will ich das für mich machen. Aber ich glaube wirklich, dass es ohne aufgeräumtes Ich kein glückliches Wir geben kann. Das hört sich vielleicht komisch an, aber ich muss da raus, um eine Vorstellung von unserer Zukunft zu gewinnen.« Mein Gott, was für ein schwurbeliges Plädoyer für einen Sinn in etwas, das für sie völlig hanebüchen klingen muss. Aber ich bin nicht bescheuert, ich habe eine konkrete Offerte im Ärmel: »Ich ziehe erst dann los, wenn die Beschränkungen auf allen Ebenen aufgehoben sind und die Kinder wieder zur Schule gehen können. Ich teile meine Zeit da draußen auf in zweimal drei Wochen und komme zwischendurch für eine Woche nach Hause. Und ich breche nur auf, wenn du voll und ganz einverstanden bist.« Zweimal drei Wochen? Das ist verdammt optimistisch. Nicht auf Anjas Okay bezogen (wobei, das auch!), nein, für diesen Zeitrahmen ist die Strecke eigentlich zu weit. Aber wenn es per Salamitaktik am Ende zweimal dreieinhalb Wochen werden und ich unterwegs jeden Tag richtig ackere, dann könnte es klappen. Ich erwarte keine direkte Antwort, im Gegenteil: Ich habe Schiss davor. »Denk doch mal darüber nach und lass uns in den nächsten Tagen in Ruhe reden«, sage ich im Versuch, die Brisanz des Themas zumindest für diesen Moment herunterzuspielen.

Ich weiß, wie dünn das Eis ist, auf dem ich mich mit der Idee meiner Reise bewege, aber ich weiß auch, wie viel Verständnis

Anja für meinen Drang nach dem Entdecken neuer Wege hat. Ihr eigener ist deutlich weniger ausgeprägt als meiner – und gerade deshalb bin ich verdammt dankbar für den Raum, den sie mir immer wieder gibt. Tatsächlich ist es auch diesmal so: »Wenn die Schule dann wieder normal läuft, kriegen wir das hin«, versichert sie mir schon am Abend. Und schiebt hinterher: »Ich bin gespannt, was du findest.«

Fünf Monate später hocke ich immer noch zu Hause. Der Mai und der Juni, die ich mir als Zeitfenster ausgeguckt hatte, sind vorüber. Der Winter hat sich dieses Jahr extrem lange gehalten, vor allem in den Bergen. Selbst in der ersten Maiwoche lagen die Temperaturen auf der Zugspitze nie im Plus, Tiefstwert minus 14 Grad, dazu ordentlich Schnee. Die Schulen sind erst im Juni zum Präsenzunterricht übergegangen. Ich habe mein Abenteuer also auf August/September schieben müssen, doch auch dahinter stehen wieder eine Menge Fragezeichen. In zwei Wochen will ich aufbrechen, allerdings reißen Fluten katastrophalen Ausmaßes gerade ganze Ortschaften weg, vor allem in Rheinland-Pfalz und Nordrhein-Westfalen. Die Flüsse im Süden Deutschlands führen alle so viel Wasser, dass an entspanntes Paddeln nicht zu denken ist. Anjas Mutter liegt nach einer OP im Krankenhaus und erholt sich mit ihren vierundachtzig Jahren nur mühsam. Wenn ich später starte, komme ich genau dann ins ungemütliche Herbstwetter, wenn ich auf der Ostsee und der Nordsee unterwegs bin. Das wäre mit der richtigen Kleidung nicht so dramatisch, aber ich kann ja nicht unendlich viel Zeug mitschleppen. Außerdem sind im Oktober Herbstferien, da muss ich wieder zu Hause sein. Vielleicht soll es einfach nicht sein in diesem Jahr.

Auf der anderen Seite: wenn nicht jetzt, wann dann? Ich habe mir die Wochen freigeschaufelt, Anja ist mit allem einverstanden (auch jetzt noch, wo sie sich zusätzlich um ihre Mutter kümmern muss!), die Kinder sind darauf vorbereitet, mir tut nichts weh, ich habe die Ausrüstung beisammen, die ich brauche. Kommt so ein Moment überhaupt noch mal?

Die Tage ziehen dahin und sind endlich wieder mit mehr Leben gefüllt. Selbst wenn es regnet – und das tut es ungewöhnlich oft für diese Jahreszeit –, bleibt es warm. Das bedeutet: mehr Draußenzeit. Wir machen noch ein paar Tage gemeinsam Urlaub. Es gelingt uns, ein bisschen durchzuatmen.

Die Zeit meint es gut mit mir. Eine Woche vor meiner geplanten Abreise wird Anjas Mutter aus dem Krankenhaus entlassen. Auch die Wasserstände der Flüsse, die ich paddeln möchte, gehen etwas zurück. Das, was bislang nicht mehr als eine unmodellierte Sehnsucht war, wird greifbar. So greifbar, dass ich mir plötzlich nicht mehr sicher bin, ob es das Richtige ist. Ich checke stündlich Wetterdaten, frage mich, ob ich genauer hätte planen sollen und ob Anja wirklich alleine klarkommt, ohne vor die Hunde zu gehen. Haben all jene, die meine Idee von Anfang an skeptisch beäugt und auf die Gefahren hingewiesen haben, möglicherweise doch nicht ganz so Unrecht? Wie soll ich meinen ganzen Bürokram bis Samstag fertigkriegen: Steuerunterlagen, E-Mails und Rechnungen? Dann ist da noch das Fahrrad unserer Tochter, an dem die Bremsen schleifen, der alte Wohnwagen, dessen Dachluke undicht ist, und das Trampolin, das aufgebaut werden muss. Es gibt eine Menge Gründe, die ich heranziehen könnte, um das Ding abzublasen.

Mitten in diesem Wahnsinn muss ich an Holger denken. Er erzählte mir in unserem Podcastgespräch von einer Frau, die an einer Visionssuche unter seiner Leitung teilgenommen hatte. Ihr Leben war von Ängsten und Sorgen bestimmt gewesen. Schon im Vorfeld hatte sie ständig bei Holger angerufen und tausend Fragen gestellt. Er war nicht sicher gewesen, ob die Visionssuche für sie überhaupt Sinn ergab. Aber er tat ihr nicht den Gefallen, die Tür zu schließen, sondern bestärkte sie darin, teilzunehmen. Die Verwandlung dieser Frau zu erleben, zu sehen, wie sie alleine in der Natur – schutzlos und ausgeliefert – nach all den Jahren endlich in der Lage war, ihre Ängste zuzulassen und Frieden mit ihnen zu schließen, das war eine der intensivsten Erfahrungen, die er je bei einer Visionssuche gemacht hat, sagte Holger. Ich bin nicht sonderlich ängstlich, aber eine gewisse Nervosität kann auch ich nicht verhehlen. Ich höre mir die Passage aus dem Podcast mit Holger noch einmal an und vernehme zwischen all den tatsächlich gesprochenen Worten ein deutliches, direkt an mich gerichtetes »Geh!«.

02

IM ZUG ZUR SPITZE

Von Hamburg auf Neuanfang

Am Sonntag sitze ich frühmorgens alleine an unserem großen Esstisch und schaufele mir Müsli mit Obst rein – wie immer selbst gemacht: in der Pfanne angeröstete Nüsse und Haferflocken, abgeschmeckt mit Honig, Zimt und einer Prise Salz. Draußen ist es noch dunkel. Nur ein paar ganz frühe Vögel zwitschern schon laut genug, dass ich es drinnen hören kann. Zwischen zwei Löffelladungen setze ich Wasser für den frisch geschnittenen Ingwer auf. Handgriffe wie im Schlaf. In einer halben Stunde, wenn die Haustür hinter mir zufällt, wird für eine lange Zeit nichts mehr laufen wie im Schlaf. Keine Selbstverständlichkeiten mehr, kein Küchenkomfort. Aber mein Thema ist jetzt ein anderes: Habe ich alles? Habe ich wirklich an alles gedacht? Die große schwarze Packtasche liegt randvoll mit Ausrüstung auf dem Fußboden. Das Board ist drin, und auch den zusammensteckbaren Bootswagen habe ich noch reinbekommen. Er soll mir helfen, das Board um Wehre und Schleusen herumzutragen, außerdem will ich auf ihm mein Gepäck ziehen, wenn ich zu Fuß unterwegs bin. Neben der Packtasche steht der rote Rucksack, in dem sich all das befindet, was ich am meisten brauche. Dann liegen da zwei Paddel und ein Kletterhelm sowie die Schuhe und meine Jacke. Gestern habe ich erst alles auf der Terrasse ausgebreitet und dann so penibel gepackt wie noch nie. Ich bin mir sicher: Ich habe weder Wichtiges vergessen noch Überflüssiges dabei (Stand Sonntagmorgen, zu Hause). Trotzdem wiegt mein Zeug satte 40 Kilo – ohne Wasser, das ich noch in die Trinkflaschen füllen muss.

Um 5 Uhr bin ich startklar und wecke die anderen. Wir haben uns gestern Abend schon ausführlich verabschiedet, aber ich kann nicht einfach so gehen. Zu viert tapsen wir die Treppe runter, umarmen uns noch einmal innig, und ich verspreche, regelmäßig anzurufen. Als ich die Packtasche schultere, tue ich alles, um mir nicht anmerken zu lassen, was für ein Kraftakt das ist. Den Rucksack, an dem ich außen Kletterhelm und eines der beiden Paddel befestigt habe, schnalle ich mir vor die Brust. Das zweite Paddel nehme ich in die Hand. Es dämmert jetzt, und ich trete hinaus auf die Straße. Ein letztes Mal umdrehen, finale Luftküsse. Bei aller Liebe zum Pathos – Gott sei Dank bin ich spät genug dran, um diesen Moment kurz zu halten. Bis zur Bushaltestelle sind es nur drei Minuten, aber 40 Kilo sind 40 Kilo, das spüre ich sofort. Als der Bus hält, steige ich hinten ein und bleibe direkt mit dem am Rucksack befestigten Paddel in der Tür hängen. Okay, daran werde ich in Zukunft denken müssen. Aber so viele Türen werden da auch nicht sein in den nächsten Wochen.

Ich lege mein Gepäck auf einer Sitzreihe ab und lasse mich auf die gegenüberliegende fallen. Das ist er, der *point of no return.* Jetzt geht es los, jetzt gibt es kein Zurück mehr. Der Bus fährt an, und mit ihm startet ein Abenteuer, das mich kräftig durchschütteln wird.

Am Bahnhof Hamburg-Altona steige ich in den Zug nach München, von dort aus geht es mit der Regionalbahn weiter bis ins Zugspitzdorf Grainau. Ich nutze die Fahrt, um ein wenig von dem verpassten Schlaf der letzten Nacht nachzuholen. War ja klar, dass ich bis auf den allerletzten Drücker irgendwelchen virtuellen Papierkram erledige. Sogar die meisten Reparaturen habe ich noch geschafft. Das Verrückte ist: Die ganze Brisanz dieser To-dos und auch meine Gedanken daran sind völlig verpufft, als ich vorhin in den Bus gestiegen bin. Ob ich nun jedes Detail bedacht, jede Eventualität antizipiert habe oder nicht – damit werde ich mich jetzt nicht mehr beschäftigen. Es fühlt sich an, als würde ich eine neue, reine Bühne betreten.

Vor dem Zugfenster fliegt Deutschland vorüber. Das hat durchaus seinen Charme, aber ich freue mich unglaublich darauf, mir die Landschaften zwischen Küste und Alpen aus eigener Kraft zu erschließen und sie mir genauer anzusehen. Für den Weg runter in den Süden brauche ich heute neun Stunden, retour werden es Wochen sein.

Hinter Murnau am Staffelsee kreuzt die Bahnstrecke die Loisach. Ich drücke mir die Nase an der Fensterscheibe platt, um zu sehen, wie viel Wasser sie führt, ob ich wohl auf ihr paddeln können werde, wenn ich sie in ein paar Tagen zu Fuß erreiche. Beruhigen tut mich das, was ich sehe, nicht. Die Zugbegleiterin schüttelt verständnislos den Kopf, als ich ihr von dem Vorhaben erzähle, hier zu paddeln. Sie ist ausgesprochen freundlich, aber ich lese in ihrem Blick trotzdem ein »Du bist jetzt in den Bergen, Fischkopp, da ist mit den Naturgewalten nicht zu spaßen«.

Grainau empfängt mich mit Regen. Ich ziehe meine wasserfeste Jacke über und gehe die 2 Kilometer bis in meine Unterkunft zu Fuß. Das Dorf kurz hinter Garmisch-Partenkirchen ist die letzte Ortschaft vor der Zugspitze und für mich eine Art Schleuse zwischen Alltag und Abenteuer. Eine Nacht werde ich noch unter einem festen Dach verbringen, bevor es morgen mit der ersten Gondel hoch auf den Gipfel geht. Und dann mal gucken – ich habe mich nicht eine einzige weitere Nacht irgendwo eingebucht und das auch nicht vor. Der Sternenhimmel soll mein Dach sein, die Hängematte mein Bett.

Ich hatte mich tierisch auf ein zünftiges Abendessen gefreut: Fleischpflanzerl mit Knödel, Obazda, Datschi, so was in der Art. Aber offenbar haben die Touristen, die sich im Ort aufhalten, ihr Augenmerk aus Mangel an Sommer aufs Essen verlegt. Außerdem ist die Pandemie noch nicht vorbei, und die Restaurants dürfen die Gäste nicht dicht an dicht setzen. Obwohl ich früh dran bin, bekomme ich schlichtweg keinen Platz in einem der wenigen Gasthäuser mit regionaler Küche. Meine einzige Alternative ist ein Phänomen, auf das in jedem noch so kleinen Ort in jeder noch so vergessenen Ecke Deutschlands Verlass ist: der Italiener. Ich sitze unter einer Markise, auf der dicke Tropfen trommeln, und esse durchschnittliche Pizza mit einem durchschnittlichen Salat. Immerhin ist das alkoholfreie Weißbier echt bayerisch.

Die Seilbahnstation Eibsee, wo am nächsten Morgen um 8 Uhr die erste Gondel hinauf zur Zugspitze startet, liegt nur wenige Kilometer von meiner Unterkunft entfernt. Ich will möglichst früh oben sein, denn mit jeder Gondel, die hochschwebt, wird es voller auf Deutschlands höchstem Gipfel (auf den auch von österreichischer Seite Seilbahnen führen). Gut 600.000 Menschen lassen sich in einem Jahr hoch auf die Zugspitze fahren. Auf einen Gipfel, der möglicherweise zu den hässlichsten der Welt zählt, weil er so zugebaut ist. Vor zweihundert Jahren zum ersten Mal bestiegen und in Rekordzeit vergewaltigt. Ich sollte lieber nicht zu laut denken, schließlich sitze ich ja auch drin in einer dieser Gondeln.

Keine zehn Minuten nach dem Start schlüpft der bodentief verglaste Kasten mit einem sanften »Ssssst« in die Bergstation auf knapp 3.000 Metern Höhe. Es ist der 2. August, Hochsommer, aber gestern Abend und in der Nacht muss es geschneit haben. Jedenfalls ist alles weiß. Das Münchner Haus (die Alpenvereinshütte, die hier oben steht) ist aufgrund von Renovierungsarbeiten geschlossen, deshalb muss ich für Kaffee und Saftschorle ins Panoramarestaurant. Ich könnte wieder mit Zahlen anfangen – vierhundertfünfzig Menschen finden drinnen Platz, achthundertfünfzig draußen –, aber hey, ich habe ja selbst gerade bestellt. Ich will die letzte Chance nutzen, um Flüssigkeit aufzunehmen, denn je weniger Wasser ich tragen muss, desto besser.

Das goldene Gipfelkreuz der Zugspitze lässt sich bequem von der Aussichtsplattform betrachten und – offensichtlich einer der wichtigsten Punkte für die Besucher – fotografieren. Um direkt unter dem Kreuz zu stehen, muss man allerdings 50 Meter über einen Grat kraxeln, von dem der Fels beidseitig steil abfällt. Für mich war von Anfang an klar, dass mein Abenteuer genau dort beginnt, am Ende des Grats, und nicht auf der Besucherplattform. Ehrlich gesagt fühle ich mich hier unter den Bucket-List-Bergfans auch zunehmend unwohl.

Ich lege meine Sicherung an und steige die Stahltreppe hinab, die zum Grat führt. Die schwere Tasche auf meinem Rücken verändert meinen Körperschwerpunkt, und ich muss aufpassen, dass sie mich nicht nach hinten zieht. Vorsichtig setze ich einen Fuß vor den anderen. Am Fels sind Stahlseile und ein paar Tritte befestigt, aber noch fühle ich mich sicher, ohne mich einzuhaken. Das größte Problem ist: Sobald ich mich nicht mehr seitlich eindrehen kann, weil eine Stelle zu steil, zu eng, zu anspruchsvoll ist, sehe ich nicht mehr, wo ich hintrete – mein Rucksack hängt ja vorne, mittlerweile mit zwei senkrecht aufragenden Paddeln.

Die Frage, wie ich das ganze Gepäck die Zugspitze runterschleppen will, stand natürlich schon lange im Raum. Ich habe mich beharrlich geweigert, im Vorfeld eine Antwort darauf zu suchen. »Ich werde schon eine Lösung finden, zur Not muss ich eben zweimal gehen«, redete ich mir ein. Und genau das ist schon notwendig, um überhaupt an meinen Startpunkt zu gelangen. Ich lege den Rucksack auf dem schneebedeckten Fels ab und wuchte erst mal mich und die Packtasche gen Gipfelkreuz, sichere mich an einer Stelle doch noch über Seil und Karabiner. Dann gehe ich zurück und hole den Rucksack nach. An der Stelle, wo das Gipfelkreuz steht, ist nicht viel Platz. Ich hocke mich neben mein Gepäck und wende meinen Blick dem Alpenpanorama zu, das dieser Berg trotz aller touristischer Infrastruktur bietet – wenn man diese im Rücken und nicht vor der Nase hat.

Da unten also liegt das Land, das ich der Länge nach durchqueren möchte, mit nichts weiter als dem, was ich bei mir habe. Was für ein grandioses Gefühl! Ich erhebe mich und lasse die klare Höhenluft durch meine Lungen strömen. Es ist kalt, etwa 0 Grad, aber für ein paar Minuten setzt sich die Sonne gegen die grauen Wolkenformationen durch und lässt die dünne Schneeschicht auf den umliegenden Bergen weiß glänzen. Ich schließe die Augen und spüre, wie sie mein Gesicht wärmt. Die Besucherplattform hinter mir ist mittlerweile gut gefüllt, jedoch komplett aus meiner Wahrnehmung gefallen. Dieser Moment gehört mir.

Mit hoher Wahrscheinlichkeit bin ich der Erste, der mit einem Stand-up-Paddleboard auf dem Gipfel der Zugspitze steht. Das ist einerseits völlig belanglos, weil sicher kaum jemand das für erstrebenswert oder sinnstiftend hält, andererseits verstärkt es mein Gefühl, einen völlig neuen Weg zu gehen. Hätte ich die Alpen überqueren oder auf dem Jakobsweg pilgern wollen – es hätte immer Routen gegeben, die sich einfach recherchieren und planen lassen, weil sie schon von vielen gegangen wurden. Für mein Vorhaben gibt es keine Blaupause. Eins ist aber sicher: Von hier an geht es bergab.

ORTLIEB

03

ABSTIEGS-KAMPF

Die Zugspitze runter bis ins Tal

Als ich die Augen wieder öffne und mich umdrehe, sehe ich, wie ein Vater und sein jugendlicher Sohn in Sneakers und ohne jegliche Sicherung über den Grat in meine Richtung tapsen. Es ist Zeit, diesen Ort zu verlassen. Ich gehe den Grat wieder zweimal, raune den beiden noch ein »Gut aufpassen, glatt!« zu, weiß aber, dass sie nur die ersten von zig Gondeltouristen sind, die sich heute sorglos in Gefahr begeben werden. Meine Paddel sorgen für verwunderte Blicke. Für mich ist es selbstverständlich, sie hier oben dabeizuhaben, jedem anderen erscheint das natürlich maximal abwegig. Schon auf der Besucherplattform habe ich einige Fragen beantworten müssen und mich noch ausführlich erklärt, hier und da mit schwarzem Humor ein paar Lacher eingeheimst (von wegen, heutzutage wisse man ja nie, wo einen das Hochwasser überrascht). Jetzt aber habe ich keine Muße mehr für Plaudereien, jetzt gilt es, mein gnadenlos schweres Gepäck zügig runter zum Eibsee zu tragen. Schritt für Schritt, Höhenmeter für Höhenmeter.

Obwohl der Himmel innerhalb weniger Minuten wieder komplett zuzieht und sich Nebelschwaden zwischen die Felsen setzen, packe ich schon bald meine gefütterte Jacke weg. Das ist der Vorteil von Schufterei am Berg, wenn die Außentemperaturen niedrig sind: Dir wird warm.

Meine Route führt an der Westflanke der Zugspitze talwärts, immer Richtung Eibsee und in den ersten Stunden mehr oder weniger direkt unterhalb der Seilbahntrasse, an der die Gondeln von Tiroler Seite auf die Zugspitze schweben. Auf halber Strecke zum Eibsee liegt die Wiener Neustädter Hütte. Dort würde ich später gerne etwas essen und trinken, dann weiter absteigen, um mir am Abend in den Wäldern rund um den Eibsee einen Platz zu suchen, an dem ich meine Hängematte aufhängen kann, ohne ein Gesetz zu brechen, auch kein ungeschriebenes.

Das wilde Zelten ist in Deutschland fast durchgehend verboten (Brandenburg hat als einziges Bundesland eine Regelung eingeführt, die es für eine Nacht unter bestimmten Auflagen erlaubt). Hänge ich aber meine Hängematte auf oder lege mich einfach nur mit einer Unterlage auf den Boden, zelte ich nicht, sondern ruhe mich vielleicht nur ein paar Stunden aus – was erst einmal nicht verboten ist. In Naturschutzgebieten ist allerdings auch das Lagern meist untersagt, jedes Bundesland hat so seine eigenen Regeln, und private Wälder unterliegen wieder einem anderen Recht. Kurz: Wer sich nachts mit dem Blick in den Sternenhimmel erholen möchte, muss sich genau überlegen, ob und wo er das tut, einmal aus rechtlichen Gründen, aber natürlich auch und vor allem nach bestem Gewissen der Natur gegenüber. Ich haben keinen Plan für die heutige Nacht, nur ein paar vage Vorstellungen. Um Ärger auszuschließen, erscheint es mir am sinnvollsten, da unten irgendwo auf einer Wiese mein

Lager aufzuschlagen und den Bauern, dem diese Wiese gehört, um Erlaubnis zu bitten. Aber gibt es in den Wäldern rund um den Eibsee überhaupt solche Wiesen oder – alternativ – Heuschober? Außerdem ist »da unten« noch ziemlich weit entfernt.

Ich komme nur langsam voran. Meine Packtasche hat zwar Schultergurte, sodass ich sie wie einen Rucksack auf dem Rücken tragen kann, nur sind die Gurte nicht gepolstert und schneiden sich durch das hohe Gewicht, das an ihnen zieht, schmerzhaft in meine Schultern. Eine Rückenpolsterung gibt es auch nicht. Ich habe natürlich versucht, die harten Gegenstände möglichst weit unten in der Tasche zu verstauen, aber angenehm trägt sich das Monstrum nicht. Am besten funktioniert es, wenn ich mich leicht nach vorne lehne und das Gewicht mehr auf dem Rücken liegt, als dass es an den Schultern zieht. Dann wiederum rutscht mir der Rucksack, den ich vor der Brust trage und an dessen Seiten die Paddel emporragen, ständig runter. Es gibt sie nicht, die perfekte Lösung für diesen Abstieg. Und wenn es sie gäbe, etwa in Form eines komfortablen Tragegestells, dann würde sie zum Problem bei alldem, was ich noch vorhabe: auf Flüssen paddeln oder das ganze Zeug per Bootswagen bewegen. Dieses Set-up ist nicht nur der kleinste gemeinsame Nenner – es ist der einzige.

Viele Menschen begegnen mir nicht, einige schon. Da ist der Typ, der morgens auf den Gipfel rennt und direkt mit der Gondel wieder runterfährt, um rechtzeitig im Büro zu sitzen. Da ist die Frau, die mit ihren beiden Hunden aufsteigt. Und da ist das junge Paar, er Deutscher, sie Japanerin, das sich offenbar ganz schön verschätzt hat bei den Anforderungen einer alpinen Tour. »Wie weit ist es noch bis oben?«, fragt er. »Drei Stunden sicher.« Auf meine Antwort folgt Stöhnen und ein vehementer beziehungsinterner Meinungsaustausch, dem ich mich lieber schnell entziehe, indem ich weiter abwärtsgehe.

Der Fels ist nass, und ich muss höllisch aufpassen, dass ich nicht den Halt verliere. Der Helm, den ich mittlerweile aufgesetzt habe, schützt doppelt: vor herunterfallenden Steinen und vor einem harten Aufschlag auf dem Fels. Gerate ich einmal aus dem Gleichgewicht, werde ich mich nur schwer fangen können. Mein Rücken ist klitschnass geschwitzt, und langsam melden sich die Oberschenkel. Immer wieder mache ich Pausen und setze das Gepäck ab, nur um genau das kurz darauf zu bereuen, weil ich alles wieder auf die Schultern wuchten muss.

Erst am frühen Nachmittag erreiche ich den Stopselzieher, eine kaminartige Rinne, die mit Sicherungen versehen und als Klettersteig ausgewiesen ist. Ich hake mich in das senkrecht nach unten führende Stahlseil ein und setze, mit dem Körper zum Fels gedreht, ganz behutsam einen Fuß unter den anderen. So kaputt kann ich noch nicht sein, denn ich versuche mich möglichst nur am Fels, nicht an den Sicherungen festzuhalten (fragwürdiger Bergsteigerstolz). Das Problem ist, dass die Stopselzieherrinne hier eher eine lang gezogene, über Jahrtausende ausgewaschene Höhle und zu eng für mich ist. Mit dem großen Gepäck werde ich quasi selbst zum Stöpsel und bleibe stecken. Außerdem stoße ich andauernd mit den Paddelblättern gegen den Fels und habe Schiss, dass sie hinüber sind, bevor ich sie zum ersten Mal ins Wasser getaucht habe. Bleibt nur eins: wieder zweimal gehen. Die Paddel kratzen trotzdem das eine ums andere Mal fies am harten Kalkgestein. Jedes Mal mache ich mich noch ein bisschen kleiner. Dann sehe ich unter mir endlich die Wiener Neustädter Hütte. Als ich das Ende des Klettersteigs erreicht habe, ist es nicht mehr weit bis dorthin. Nur noch das Geröllfeld des Schneekars queren, und ich bin da, vielleicht in 15 Minuten. Dort, wo ich vor einer halben Stunde in die Schlüsselpassage des Stopselziehers eingestiegen bin, rund 100 Meter höher, liegt nur leider noch mein Rucksack. Wieder rauf, noch einmal runter.

BAU DES

Als ich das komplette Gepäck für die Zielgerade gen Hütte aufgesattelt habe und mich über das Geröll schleppe, weiß ich: Bis runter zum Eibsee gehe ich heute nicht mehr. Ich bin jetzt schon am Ende meiner Kräfte. Selbst wenn der Weg ab hier einfacher werden sollte und ich tatsächlich noch runterkäme, müsste ich ja auch noch einen Schlafplatz suchen – und ich wäre körperlich so zerstört, dass in den nächsten Tagen nicht mehr viel ginge. Wäre aber ganz schön, wenn es das täte. Ein paar Kilometer sind es schließlich noch bis nach Sylt. Nein, die Wiener Neustädter Hütte ist nicht nur meine Verpflegungsstation, hier bleibe ich über Nacht. Auf den letzten Metern zieht mich die Hoffnung auf eine große Johannisbeerschorle und Kaiserschmarrn voran. Was für eine Freude, als sie sich erfüllt!

Die Wiener Neustädter Hütte liegt auf etwa 2.200 Metern Höhe. Gut 750 Höhenmeter habe ich also geschafft. 1.200 Meter unter mir schimmert das tiefe Blau des Eibsees. Der Blick von hier ist grandios. Ich bin schon jetzt sicher, die richtige Entscheidung getroffen zu haben. Zumal der Hüttenwirt mir erlaubt hat (»Große Ausnahme«!), meine Hängematte draußen aufzuhängen. Das war meine größte Sorge: meine hehren Vorsätze gleich in der ersten Nacht über den Haufen werfen und drinnen schlafen zu müssen. Insgeheim habe ich mir sogar vorgenommen, bis Sylt nicht einen Cent für Übernachtungen auszugeben. Mit dem Hüttenwirt mache ich einen Deal: Ich esse bei ihm und darf kostenlos draußen pennen. »Aber schau erst einmal, ob du da draußen überhaupt was findest«, gibt er zu bedenken. Tatsächlich muss ich dreimal um beide Gebäude herumlaufen, jedes Mal kompromissbereiter, bis ich eine Möglichkeit finde, die mir machbar erscheint. Das eine Ende der Hängemattenaufhängung befestige ich an den Stahlstreben der Außentreppe, die zu den Waschräumen führt, das andere werfe ich über einen dicken Felsbrocken und verzurre es zusätzlich mit etwas Seil. So geht es, auch wenn ich nicht in der schönsten Ecke gelandet bin – ich hänge zwischen alten Holzpaletten, dem Stromgenerator (der nachts hoffentlich nicht durchläuft) und leeren Bierfässern. Vorsichtshalber spanne ich das Tarp, die wetterfeste Plane, auf, um mich nachts vor Regen zu schützen. Es könnte sogar sein, dass es noch mal schneit.

In der Hütte ist es so urgemütlich, wie es sein soll in einem einfachen Bergrefugium. Wo die besten Plätze nah am Kamin liegen, wo es beim Abendessen für jeden, der möchte, einen Nachschlag gibt, wo Geschichten und Erlebtes wichtiger sind als Kontostände. Ich sauge die Atmosphäre auf, verziehe mich aber zeitig nach draußen in die Hängematte. Ich liebe es, in dem Ding zu liegen. Es ist ein bisschen wie schwerelos, jenseits von Zeit und Raum und doch mittendrin. Der Generator rattert noch, aber der Wirt hat mir versichert, dass er ihn später ausschaltet. Ich ziehe den Schlafsack bis oben zu und justiere den Gummizug der Kapuze so, dass nur noch eine kleine Öffnung für mein Gesicht bleibt. Die Kälte umschleicht mich von allen Seiten. Unter meine Hängematte habe ich einen Underquilt gespannt, eine Art gefütterte Decke, die dort die Körperwärme auffängt, wo die Isolierung des Schlafsacks nicht mehr greift, weil ich ihn durch mein Gewicht plattdrücke. Ich bin also ganz adäquat eingemummelt.

Genau in dieses Gefühl hinein höre ich ein Geräusch, das nicht aus der Hütte kommt. Es ist eine Mischung aus Rascheln und Kratzen. Mal höre ich es für eine halbe Minute dauerhaft, mal gar nicht, dann wieder für wenige Sekunden. Ich versuche es zu ignorieren, aber das ist schon in dem Moment unmöglich, in dem ich es mir vornehme. Ratten? Hier oben? Ein Murmeltier? Was, wenn sich heute Nacht etwas an meinem Gepäck zu schaffen macht? Sobald ich das Geräusch erneut höre, leuchte ich mit meiner Stirnlampe in die Richtung, aus der es kommt. Aber da ist nichts. Nach zwanzig Minuten, in denen

ich mal denke, dass ich mit dem Rascheln leben – oder besser: schlafen – kann, und es mir im nächsten Moment wieder den letzten Nerv raubt, entscheide ich mich zum äußersten Schritt: noch mal raus aus dem warmen Schlafsack, raus aus der Hängematte, rein in die Kälte, um der Sache auf den Grund zu gehen. Als ich ihn finde, muss ich schmunzeln. Die Windböen, die über die Hütte fegen, drücken Regenwasser über die Dachkante, und das tropft auf einen Haufen von Steinen und alter Plastikplane. Ich hätte schwören können, dass es ein Tier ist! Mit ein paar Handgriffen habe ich den Haufen verschoben, und alles ist gut.

Schon beim Aussteigen aus der Hängematte habe ich einen Vorgeschmack darauf bekommen, wie stark der Muskelkater in den Beinen morgen sein wird. Trotzdem schlafe ich zufrieden ein. Schön, dass die Freiheit, jederzeit spontan zu entscheiden, wie weit ich gehe und wo ich die Nacht verbringe, die Freiheit, Pläne über den Haufen zu werfen, wenn ich es für sinnvoll erachte, sich schon am ersten Tag dieses Abenteuers entfaltet.

Die Nacht ist eisig kalt. So sehr ich mich auch verkrieche in meinem Schlafsack, bleibt doch dieses latente Frösteln – zu schwach, um wirklich aktiv zu werden und die Schlafsituation grundlegend zu ändern, zu stark für den Tiefschlaf, den ich mir verdient hätte. Die untere Komfortgrenze meines Schlafsacks liegt bei plus 4 Grad. In unseren Gefilden ist das selbst bei kühlen Nächten im August und September völlig ausreichend und der beste Kompromiss aus »warm genug« und »so leicht wie möglich«. Es sei denn – und diese Variante habe ich schlichtweg nicht eingeplant –, du schläfst auf über 2.000 Metern Höhe, und ein hartnäckiges Tief lässt die Temperaturen nachts gen Gefrierpunkt sinken. Dass es mit dem Komfort da nicht weit her ist in dieser Nacht, lässt sich tatsächlich an einer Hand abzählen: plus 4 versus 0. Entsprechend verknittert wache ich am nächsten Morgen auf. Gott sei Dank gibt es im Waschraum nur eiskaltes Wasser – eine Ladung ins Gesicht genügt, um mich wach und frisch zu fühlen. Ich hole mir von drinnen einen Tee und gehe zum kleinen Plateau, von dem aus der Fels nach unten abfällt und zu dessen Füßen sich das Tal mit Eibsee, Grainau und weiter hinten Garmisch-Partenkirchen erstreckt. Die Hütte liegt noch im Schatten des Zugspitzmassivs, auf die deutlich niedrigeren Gipfel gegenüber scheint schon die Morgensonne. Ein Panorama zum Niederknien. Das allerdings lasse ich lieber, denn Oberschenkel, Waden und auch die vordere Schienbeinmuskulatur sind schwer angeschlagen. Es scheint ein freundlicherer Tag zu werden als gestern, aber wer weiß das schon in den Bergen. Irgendwo da unten blöken Schafe.

Eine halbe Stunde später habe ich die Hängematte abgebaut, meinen Kram gepackt und verabschiede mich. Der restliche Teil des Abstiegs wird sicher leichter, nichts im Vergleich zu den Klettersteigpassagen. Und sobald ich unten bin, springe ich in den See.

Ich bin gut darin, mir Sachen schönzureden. In Wahrheit sind die ersten zwei Stunden des Weges kaum weniger hart als am Vortag, mit dem Unterschied, dass mir heute schon beim Loslaufen alles wehtut. Unterhalb der Baumgrenze wird der Weg zwar leichter und führt sanfter abfallend hinein in den Wald, aber genau das ist das Problem: Es geht immer noch runter. Und jeder Schritt bergab ist mit den 40 Kilo mittlerweile die Hölle. Ich bete abwechselnd für flache, gerade Abschnitte (»Lass es nur ein paar Meter sein!«) und für Trinkwasser. Irgendwo wird es unterwegs schon eine Möglichkeit geben, meine Flaschen aufzufüllen – dachte ich. Gibt es aber nicht. Nach vier Stunden lasse ich Rucksack und Packtasche ins warme Gras einer Lichtung gleiten und mich daneben fallen. Liegen ist das Größte in meinem jetzigen Zustand. Wenn Schultern und Beine nichts mehr müssen und kein nächster Schritt richtig gesetzt werden will.

ower of
Nature

Den letzten Schluck Wasser habe ich längst getrunken. Am Himmel schieben sich wie in Superzeitlupe Wolken vor das Blau. Zwei Wanderer, die auf dem Weg nach oben sind, holen mich aus meinem Delirium. Sie fragen, ob ich Hilfe bräuchte. »Das ist nett. Danke. Nein, ich ruhe mich nur ein bisschen aus«, antworte ich. In der Tat habe ich bei aller Anstrengung noch nicht eine Sekunde darüber nachgedacht, nicht weiterzumachen. Es wird hart, aber es wird gehen – im Prinzip war mir das von Anfang an klar. Wie bei so vielen Dingen ist es aber auch in diesem Fall ganz gut, vorher nicht bis ins letzte Detail gewusst zu haben, wie hart es wirklich wird. Möglicherweise wäre ich sonst gar nicht hier.

»Wartet mal«, rufe ich den Wanderern hinterher »habt ihr vielleicht ein bisschen Wasser übrig?«

»Da vorne ist eine Wasserstelle, 200 Meter von hier, hinter der nächsten Biegung.« Ich wäre den beiden am liebsten um den Hals gefallen. Sofort rappele ich mich auf und halte meine Hände wenige Minuten später unter das klare Wasser, das aus einem dünnen Rohr in einen Holztrog läuft. Ich trinke gierig, erfrische mich, fülle aber kaum etwas ab. Es kann ja nun nicht mehr weit sein bis zur Ausflugsgastronomie des Eibsees. Hinter den Wipfeln der Bäume taucht der See immer mal wieder auf. Von oben sieht er aus wie eine idyllische Karibikbucht: Wenn die Sonne richtig steht, leuchtet das Wasser in den flachen Bereichen regelrecht, und um die kleinen Inseln entstehen blaugrüne Säume. Verglichen mit heute Morgen ist der Eibsee so nahe, als könnte ich ihn greifen. Trotzdem dauert es noch zwei Stunden, bis ich endlich zum Uferweg gelange, der einmal rund um den See führt. Ich will nur eins: ins Wasser und mich so schwerelos fühlen wie in meiner Hängematte.

Von Westen drücken dunkle Gewitterwolken herüber, ich muss mich also beeilen. Weil ich außerdem keine Lust habe, die Boardshorts aus dem Rucksack zu kramen oder mit nasser

Unterhose durch die Gegend zu laufen (trocknen würde die heute wohl nicht mehr), ziehe ich mich kurzerhand komplett aus und stakse nackt ins Wasser.

Ich habe es geschafft. In zwei Tagen von 2.962 Metern auf 973 Meter – und es wird sogar noch ein bisschen tiefer gehen heute. Bis zum Meeresspiegel an der Ostsee ist es noch weit, aber für die fehlenden Höhenmeter habe ich richtig viel Zeit. Auf dem See ist einiges los: Tret- und Ruderboote, Stand-up-Paddleboards. Das hier ist wahrscheinlich einer der schönsten Orte zum Paddeln in ganz Deutschland, aber ich habe kein Bedürfnis, mein Board aufzupumpen, nur um auch ein bisschen herumzuschippern. Ich werde noch genug Gelegenheit dazu bekommen. Später, woanders und ohne Tretbootbegleitung. Ein frischer Wind wirft kleine Wellen auf, und ich sehe zu, dass ich wieder an Land komme.

Endlich muss ich mein Zeug nicht mehr schleppen, sondern kann es auf den Bootswagen packen und ziehen. Es dauert etwa dreißig Minuten, bis ich alles präpariert habe. Ich greife den Schaft des Paddels, das ich so auf Packtasche und Wagen festgezurrt habe, dass es mir als Deichsel dient, und zuckele auf dem Uferweg Richtung Straße, vorbei an Bootsverleih, Cafés und Biergärten. Als ich kurz anhalte, um mir eine geräucherte Seeforelle auf die Hand zu holen und die Trinkflaschen aufzufüllen, bricht das Gewitter los. Mit zwanzig Touristen flüchte ich unter eine große Markise, die kurz darauf eingezogen wird. »Sorry, der Wind!« Ich finde ein anderes Dach und warte ab. Um 16 Uhr ist das Schlimmste vorbei. Ich lasse den See links und die Talstation der Seilbahn rechts liegen, finde den Wanderweg nach Grainau und freue mich, dass ich zwar fix und alle, aber heil hier unten angekommen bin.

In Grainau passiere ich das kleine Hotel, aus dem ich gestern früh ausgecheckt habe. Gestern war das erst? Ernsthaft? Es kommt mir vor, als wäre ich schon ewig unterwegs, so viele

Eindrücke habe ich in der kurzen Zeit gesammelt. Nach dem Zugspitzdorf erreiche ich schließlich Garmisch-Partenkirchen und die Loisach, die knapp 30 Kilometer flussaufwärts in Tirol entspringt. Ursprünglich wollte ich hier aufs Wasser, aber mir war immer klar, dass ich das erst vor Ort entscheiden könnte. Normalerweise ist die Frage im August, ob überhaupt genug Wasser zum Paddeln da ist – in diesem Jahr ist der Pegel der Loisach so hoch, dass es irrsinnig wäre, mich an dieser Stelle mit einem wenig wendigen Touring-SUP und ohne Wildwasserschutzausrüstung in die Strömung zu werfen. Heute sowieso nicht mehr. Es wird bald dunkel, und ich muss erstens noch was essen, zweitens einen Schlafplatz finden. Seit ich den Eibsee verlassen habe, war es trocken, jetzt beginnt es wieder zu regnen, erst zögerlich, dann immer heftiger. Ich ziehe meine Regenjacke über und folge dem Fluss bis zu einem thailändischen Restaurant. Das hat zwar geschlossen (»Montag Ruhetag«), aber vor der Tür stehen unter einem Vordach Tische und Bänke aus Beton. Ich bin dankbar für die Zuflucht, schmeiße den Gaskocher an und gieße mir eine von zwei gefriergetrockneten Fertigmahlzeiten, die ich als Notration eingesteckt habe, mit heißem Wasser auf. Curry-Tikka-Masala. Gut möglich, dass mir in dieser Situation alles schmecken würde, aber das Zeug ist himmlisch. Vor allem ist es warm, und wie gut eine warme Mahlzeit am Ende eines bewegten Draußentages tut, weiß man spätestens dann, wenn man den ersten Bissen genommen hat. Ich überlege kurz, ob ich hier sogar meine Hängematte aufhängen könnte, aber 3 Meter neben mir verläuft eine der meistbefahrenen Straßen der Gegend – so abgestumpft bin ich noch nicht.

Gott sei Dank hört der Regen wieder auf und gibt mir die Chance, noch die paar Kilometer zu gehen, bis zu meiner Linken, unterhalb des beliebten Ausfluggipfels Königsstand, ein bewaldeter Abschnitt beginnt. Mehrfach gehe ich ein paar Meter in den mittlerweile stockdunklen Wald hinein, finde aber keine geeignete Stelle. Der größte Teil ist Baustelle: Riesige Maschinen treiben einen Tunnel für die geplante Ortsumgehung in den Fels. Etwas weiter, auf Höhe eines Golfklubs, biege ich wieder von der Straße ab. Der Wald liegt zurückversetzt am Ende eines Feldwegs und so am Steilhang, dass ich nur mühsam zu zwei Bäumen gelange, die nicht komplett zugewachsen sind und im richtigen Hängemattenabstand zueinander stehen.

Während ich im dämmrigen Kegel meiner Stirnlampe mit Gurten und Taschen hantiere, nähern sich über den Feldweg zwei Gestalten und ein Hund. Ich will die Stirnlampe erst ausschalten und so tun, als wäre ich gar nicht da, wähle dann aber doch die Flucht nach vorn: »Guten Abend! Erschrecken Sie sich bitte nicht. Ich werde mich hier ein paar Stunden ausruhen. Spricht doch sicher nichts dagegen, oder?« Die beiden Gestalten sind Mutter und Tochter, die noch mal eine Runde Gassi gehen. Wir quatschen kurz über das Wetter, meine Hängematte und ihren Hund, wünschen uns gegenseitig eine Gute Nacht und gehen beruhigt unserer Wege. Meiner führt ziemlich direkt ins Reich der Träume. Und heute ist es da auch schön warm.

04

KAFFEESÄCKE, BLITZ UND DONNER

Entlang der Loisach auf die Isar

Meine Route für Tag drei (möglicherweise auch für Tag vier, das wird sich zeigen) ist denkbar simpel: immer der Loisach nach. So lange, bis ich der Meinung bin, ich könnte mich aufs Wasser wagen. Zum Frühstück gibt es Erdbeeren satt am Verkaufsstand eines Obsthofs. Teilweise führt ein Wanderweg direkt am Fluss entlang, und überall ist noch zu erkennen, wie hoch das Wasser hier in den letzten Wochen gestanden haben muss: In den Büschen jenseits des Weges hat sich Schlamm abgesetzt, vereinzelt hängt skurriles Treibgut in den Ästen – ich entdecke Reste eines Gartenpavillons, einen Tretroller und einzelne Schuhe. Als ich einem schmalen Pfad folge, stehe ich plötzlich vor einem Zufluss, der sich sonst wahrscheinlich einfach durchwaten lässt, mich bei dem hohen Wasserpegel aber fünfzehn Minuten beschäftigt – ich habe ja immer noch schweres Gepäck, auch wenn ich es die meiste Zeit ohne große

Anstrengung ziehen kann. Es regnet fast durchgehend. Allein das hält mich davon ab, einen ersten Paddelversuch zu starten. Das Risiko, ins Wasser zu fallen, ist hier relativ hoch. Das wäre gar nicht sonderlich dramatisch, wenn die Temperaturen höher lägen und die Sonne schiene, denn dann würde es mir nicht viel ausmachen, klatschnass auf dem Board zu stehen. Bei den jetzigen Bedingungen würde ich nur elendig vor mich hinbibbern. Ich nehme mir vor, bis zum Kochelsee zu gehen, den die Loisach auf ihrem Weg gen Isar durchfließt.

Gegen Abend beginnt wieder das Abwägen, das genau genommen schon jetzt zum festen Ritual geworden ist: Wie lange mache ich noch? Wo hänge ich meine Hängematte auf? Soll ich diese Möglichkeit schon wahrnehmen, oder kommt da noch etwas Besseres? An diesem Tag zögere ich so lange, dass ich in tiefster Dämmerung immer noch auf der Landstraße bin. Hier gibt es weder Fuß- noch Radweg, und meine Beleuchtung ist nicht gerade straßenverkehrsordnungskonform. Ich muss weg vom Verkehr, sehe aber weit und breit keinen Wald.

Etwas unterhalb der Straße liegt ein Bauernhof. Dort könnte ich fragen, ob ich meine Hängematte unter einem Dach oder im Garten aufspannen darf. Ich erkenne einen Traktor, der sich in Bewegung setzt – und auf den Zufahrtsweg Richtung Landstraße biegt! Ich gebe meinem Bootswagen die Sporen, um den Bauern, oder wer auch immer auf diesem Traktor sitzt, abzufangen, bevor er in die falsche Richtung abbiegt. »Entschuldigen Sie …«, rufe ich, als ich ihn erreiche, und erkläre mein Anliegen. Der junge Mann mit braunem Filzhut beugt sich aus der Kabine heraus. »Das würde schon gehen«, ruft er gegen den Lärm des knatternden Motors, »aber ich habe eine bessere Idee: Komm mal mit zum Kloster! Wie schnell fährt denn dein Wagerl? Kannst einfach hinten dranhängen.« Da ich zwar äußerst dankbar bin, aber erstens keine Ahnung habe, wie schnell

mein Wagerl fährt, und zweitens ja jeden Meter meiner Reise aus eigener Kraft zurücklegen möchte, schlage ich vor, dass ich weiterlaufe und wir uns am Kloster treffen. Der Engel unterm Filzhut ist einverstanden. Nach Schlehdorf, das direkt am Kochelsee liegt, ist es nicht mehr weit, 2 Kilometer vielleicht. Ich kann den Ort schon erkennen, weil die Straße zum See hin deutlich abfällt.

Im Ort folge ich der Beschilderung zum Kloster und steuere intuitiv auf die Landwirtschaftsgebäude zu. Das Kloster selbst thront etwas erhöht auf einem Plateau. Da ist er ja, mein Traktorfahrer! Ich hatte ihn eben auf der Straße nur gefragt, ob ich mich zum Schlafen irgendwohin legen könnte, jetzt komme ich mit dem Wunsch nach zwei Balken für die Hängematte.

Normalerweise findet sich mit ein bisschen gutem Willen immer etwas, hier leider nicht. Die Holzpritsche auf dem Podest unter dem großen Dach, die könne ich aber gerne nutzen, sagt er. Ich erkläre ihm, dass ich keine Isomatte dabeihabe, und scanne dabei noch einmal alles um mich herum. Mein Blick fällt auf einen Stapel alter Kaffeesäcke. Vorsichtig erkundige ich mich, ob ich mir davon welche nehmen könne. »Kannst du. Wenn du eine Toilette brauchst, die ist da vorne. Ab 9 Uhr laufen hier ein paar Leute vom Hofcafé rum, wäre gut, wenn du dann weg bist.« Ich bedanke mich und wuchte mein Gerödel auf das hölzerne Podium. Meine dünne Regenjacke hat zwar eigentlich eine hochwertige Membran, aber wenn es so schüttet wie heute, bin ich darunter trotzdem nass. Ich hänge die durchweichten Klamotten über ein Geländer und ziehe mir trockene über. Auf meine wasserdichte Packtasche und den Rucksack ist Verlass, da kommt kein Tropfen durch.

Die Kaffeesäcke riechen muffig und kratzen, aber ich freue mich wie ein kleines Kind, dass sie da sind. Ich werfe mir gleich zehn Stück über den Unterarm, trage sie zur Pritsche, die bestimmt 3 Meter in der Länge und einen in der Breite misst, und drapiere sie so, dass sie eine weiche Liegefläche ergeben. Zwei Säcke falte ich zu einem Kopfkissen. Darüber lege ich den Underquilt, der normalerweise unter der Hängematte hängt. Ein richtiges Bett. Der Regen prasselt auf das weit überstehende Dach des Gebäudes, und in mir festigt sich die Zuversicht, dass es immer einen Schlafplatz geben wird, komme, was wolle.

Am späten Vormittag des nächsten Tages stehe ich auf einer Rasenfläche direkt am Wasser, dort, wo die Loisach aus dem Kochelsee fließt. Vor mir verstreut liegen zig Teile meiner Ausrüstung, Klamotten, Lebensmittel, die ich gestern auf dem Weg in einem Supermarkt gekauft habe. Es ist so weit: Ich habe das Board aus der Packtasche geholt und muss jetzt alles neu sortieren.

Südlich des Sees ragen der Heimgarten und der Herzogstand über 1.700 Meter empor. Gleich hinter dieser Bergkette liegt der Walchensee, nur 5 Kilometer Luftlinie von meinem Standort entfernt. Die Loisach zieht 5 Meter neben mir in die entgegengesetzte Richtung, weg von den Bergen ins Alpenvorland Richtung München. Der Wasserstand ist zwar immer noch hoch und die Strömung stark, aber sie schlägt nicht mehr solche Kapriolen. Ich pumpe das Board auf, verstaue meinen Kram gewissenhaft und lege meinen Paddelgürtel an – einen Klettergurt, von dem ich die Beinschlaufen abgetrennt habe. Daran hängt eine kleine wasserdichte Tasche für Handy und Co sowie eine auf Kleinstmaß komprimierte Schwimmhilfe, die sich mithilfe einer Gaskartusche wie ein Airbag in Sekundenbruchteilen aufbläst, wenn ich an einer kurzen Schnur ziehe. In einer der Schlaufen des Gürtels hake ich außerdem die Leash ein, eine Leine, die mich mit dem Board verbindet, damit es im Falle eines Sturzes nicht abhaut. Diese Verbindung kann ich ebenfalls lösen, wenn ich am Karabiner eine Reißschnur ziehe. Auf Flüssen mit starker Strömung ist das die sinnvollste Variante, denn sollten mein

Board oder ich mich so ungünstig irgendwo verfangen, dass ich unter Wasser gedrückt würde und ich mich aufgrund der Strömung nicht befreien könnte, dann hätte ich die Möglichkeit, die Leash bequem auf Hüfthöhe zu lösen. Wäre sie mit einem Klettverschluss um meinen Knöchel fixiert, käme ich in einer Gefahrensituation eventuell gar nicht ran und wäre unter Wasser gefangen.

Ich muss mich zwingen, das alles vernünftig zu durchdenken und die Ausrüstung kentersicher zu fixieren, denn eigentlich will ich nur eins: so schnell wie möglich aufs Wasser. Ich kann es kaum erwarten loszupaddeln. Drei Mütter mit Kinderwagen laufen an mir vorbei Richtung Seeufer, um Fotos zu machen. Ich biete mich an, eins von allen dreien zu schießen, und spüre bei dieser kurzen, vermeintlich unbedeutenden Begegnung, dass ich schon eine ganz andere Ruhe und Klarheit habe. Noch vor wenigen Tagen hätte ich die Frauen wahrscheinlich einfach nur flüchtig gegrüßt und währenddessen Businessszenarien oder familiäre Verpflichtungen im Kopf gehabt. Jetzt sehe ich ihnen in die Augen, höre zu und habe dann doch alle Zeit der Welt. Als ich das Board kurz darauf ins Wasser schiebe, kann ich es kaum halten, springe zügig auf und gleite im nächsten Moment geräuschlos davon. Wieder gibt es kein Zurück mehr, nicht bei dieser Strömung.

Normalerweise führt die Loisach glasklares Wasser (wie es sich für einen Gebirgsfluss gehört). Momentan ist sie durch die mitgeschwemmten Sedimente teilweise braun wie der Amazonas. Ich muss nicht viel mehr tun als die Richtung zu halten und fliege an Moorgebieten vorbei, die sich kilometerweit durch das Becken erstrecken, das der Isar-Loisach-Gletscher nach der letzten Eiszeit hinterließ. Weder muss ich etwas schleppen noch etwas ziehen. Die Autos sind weg, sogar die Menschen. Was mich begleitet, sind das Rauschen des Wassers und die Gesänge der Vögel, die am Ufer leben. Ein grandioser Soundtrack.

Gegen Abend komme ich bei Eurasburg an das erste größere Wehr – eines dieser meist schon etwas in die Jahre gekommenen Bauwerke, die in Flüssen errichtet werden, um sie zu stauen. In der Regel befinden sie sich dort, wo der Mensch die Wucht des strömenden Wassers für seine Zwecke nutzt, zum Beispiel an Mühlen oder Kraftwerken. Viele dieser Wehre erfüllen heute allerdings keine Funktion mehr, weshalb immer wieder diskutiert wird, sie zurückzubauen und den Fluss auf diese Weise ein Stück zu renaturieren. Aber natürlich werden beim Prüfen solcher Maßnahmen in der Regel noch andere Interessen berücksichtigt als das Wohlbefinden des Flusses. Ein wirklich wild fließender Fluss würde sich schließlich wenig um die Bebauung an seinen Ufern scheren, außerdem stehen Teile der Wehranlagen oft auf Privatgelände. Ich werde im Verlauf meiner Reise auf unzählige solcher Wehre stoßen, auch auf kleinere, die nur aufgeschüttet sind. Dann gilt es, rechtzeitig vor dem Wehr eine Ausstiegsmöglichkeit zu finden, das Board samt Gepäck aus dem Wasser zu hieven, das Hindernis an Land zu umgehen und dahinter wieder einzusetzen. Oft gibt es Aus- und Einstiegsstellen, die genau für dieses Umsetzen gedacht sind, aber nicht immer. In Eurasburg habe ich Glück. Nachdem ich mein Board ans Ufer gebracht habe – was bei der Strömung gar nicht so einfach ist –, kann ich den Bootswagen unter das Heck schieben, ohne die große Packtasche abnehmen zu müssen, die hinten auf dem Board befestigt ist. Das erfordert Kraft, aber es funktioniert. Den Bootswagen zurre ich mit einem Gurt fest, damit er nicht verrutscht. Vorne auf dem Board liegt mein Rucksack. Den setze ich auf, hebe das Board vorne an und ziehe es an der dafür vorgesehenen Schlaufe vorsichtig die Böschung hinauf.

Je schneller ich mache, desto eher gerät das Ganze auf dem unebenen Pfad ins Wanken. Da das Wasser an diesem Wehr etwa zwei Meter in die Tiefe rauscht, ist es dahinter ziemlich wild.

Ich bin trotzdem überzeugt davon, nach dem Umtragen gleich im Stehen starten zu können. Es dauert drei Sekunden, da erwischt eine heftige Strömung das Heck meines Boards seitlich, während der Bug ins Kehrwasser gerät. Das Board dreht heftig ein und kippt dabei leicht. Ich versuche noch instinktiv, die abrupte Bewegung mitzugehen, aber mein Körper ist zu träge und längst unterwegs in die zuvor eingeschlagene Richtung. Ein amtlicher Adrenalinstoß schießt durch meinen Körper. Ich greife das Paddel fest mit einer Hand, dann verliere ich den Halt und lande in der rauschenden Loisach. Gott sei Dank ist der Schreckmoment nur kurz, denn als ich wieder auftauche, sehe ich das Board neben mir, ziehe mich rauf und treibe weg vom Wehr flussabwärts, wo die Strömung zwar immer noch stark, aber deutlich übersichtlicher ist. Dennoch nehme ich mir vor, nicht mehr den dicken Max spielen zu wollen, sondern schwierige Passagen im Zweifel lieber auf Knien zu paddeln.

Es ist angenehm warm heute. Meine Shorts und das Shirt trocknen schnell. Hinter Eurasburg gehe ich an Land und ziehe das Board über Feldwege in Richtung eines Waldstücks, das ich mir zum Übernachten ausgeguckt habe. Doch so weit komme ich gar nicht. Innerhalb von Minuten verdunkelt sich der Himmel, und wuchtige Böen kapern die Sommerluft. Ich entdecke einen Trampelpfad, der weiter flussabwärts zurück an die Loisach führt, und entscheide, mir die nächstbesten zwei Bäume am Ufer zu schnappen. Als ich das Wasser wieder rauschen sehe, fallen die ersten Tropfen. Ich lasse meine Ausrüstung stehen und laufe hektisch den Pfad auf und ab, der der Uferlinie folgt. Hier stehen einige hohe Eichen und Buchen, dazwischen ist alles zugewuchert. Irgendwann entdecke ich einen Zugang zum Fluss, der gerade breit genug ist, dass ich darüber morgen früh mein Board wieder ins Wasser bekommen würde. Rechts davon ist das Dickicht etwas lichter, und ja, die Bäume stehen auch ganz okay. Ich renne zurück zur Ausrüstung und bringe alles zu meinem Lagerplatz. Es regnet jetzt stärker, und über dem Waldstück, in das ich eigentlich wollte, zuckt ein Blitz so filigran vom Himmel, dass ich fasziniert innehalte. Fünf Sekunden später holt mich das Krachen des Donners in die Realität zurück. Es gibt kaum eine eindrücklichere Demonstration des Unterschieds zwischen Licht- und Schallgeschwindigkeit. Denn obwohl Blitz und Donner ja gleichzeitig stattfinden, sehe ich den Blitz bei einer Lichtgeschwindigkeit von 300.000 Kilometern pro Sekunde quasi ohne Verzögerung (gut fünf Mikrosekunden sind es in diesem Fall), den Donner aber nehme ich erst dann wahr, wenn der Schall bei mir eintrifft – und der legt nur 340 Meter in der Sekunde zurück. Bei fünf Sekunden zwischen Blitz und Donner ist das Gewitter also 1.700 Meter entfernt. Oder anders: Wenn ich jetzt nicht ruck, zuck wenigstens das Tarp aufgebaut bekomme, wird's ungemütlich.

Zehn Minuten später liege ich in meiner Hängematte und hoffe, dass die viel zu nachlässig gespannte Plane über mir dem Regen standhält. Ich habe Glück. Es schüttet zwar kräftig, aber nur kurz. Das Unwetter zieht vorbei, ohne mir sein Herz auszuschütten. Als nur noch die Tropfen fallen, die sich auf den Blättern der Bäume gesammelt haben, guckt die Abendsonne noch einmal raus. Ich steige aus der Hängematte und fixiere das Tarp neu. Die Loisach fließt nur 3 Meter entfernt. Mir gehen die Hochwasserberichte der letzten Wochen durch den Kopf, und ich ziehe meine Packtasche ein Stückchen weiter die Böschung hoch. Nein, so schnell wird der Flusspegel hier nicht steigen, aber es wird meiner Nachtruhe sicher zugutekommen, wenn ich nicht ständig daran denken muss, dass mein Gepäck im unwahrscheinlichen Fall der Fälle doch einen Tick zu nahe am Wasser liegt.

Am folgenden Tag erreiche ich schon vormittags Wolfratshausen und damit die Mündung der Loisach in die Isar. Mit gehörigem Respekt steuere ich mein Board in die Strömung des

Flusses, der mich nach München tragen soll. Die Isar ist deutlich breiter, an vielen Stellen aber flacher als die Loisach – von der Quelle bis in die bayerische Landeshauptstadt ein Wildfluss mit natürlichem Lauf. Kiesbänke ragen in das Flussbett hinein, und tote Bäume, die sich an Felsblöcken unter der Wasseroberfläche verfangen haben, bilden sperrige Hindernisse. Ich muss höllisch aufpassen, nicht in eines davon hineinzutreiben, selbst dort hängen zu bleiben und von der Strömung unter Wasser gedrückt zu werden, denn die fließt ja nicht nur seitlich um das Hindernis herum, sondern auch unter den Bäumen hindurch.

Binnen kürzester Zeit lerne ich, was ich tun muss, um sauber durch Stromschnellen zu kommen, und welche Linie in den engen Biegungen des Flusses die beste ist. An den natürlichen Staustufen, die unvermittelt auftauchen, bleibt mir nur, mich für eine Lücke zu entscheiden, die machbar aussieht, und dann beherzt ins eigene Schicksal zu paddeln – am besten im richtigen Moment auf der richtigen Seite –, um die Kontrolle über den Weg zu behalten, den mein Board nimmt. Das ist aufregend und ein Riesenspaß. Ich höre mich selbst juchzen, wenn das Board in diesen Stromschnellen beschleunigt wie eine Achterbahn bei der Schussfahrt.

Seit ich gestern Mittag am Kochelsee das Board aufgebaut habe, ist mir noch niemand auf dem Wasser begegnet. Es könnte ein mulmiges Gefühl sein, so allein, aber das ist es nicht. Wenn es die Situation erfordert, bin ich viel zu fokussiert, um mir komische Gedanken zu machen, in allen anderen Momenten hält mich die Umgebung in Bann. Ich sehe und höre keine Straße, da sind nur Nadelwälder und Auen, Stockenten, Graureiher und das dahinfließende Wasser mit all seinen Details.

Ich lande an einer der Kiesbänke an, um eine Kleinigkeit zu essen und die leuchtend weißen Wolken zu beobachten, die sich am Himmel zu faszinierenden Gebilden auftürmen. Was für ein Privileg, dasitzen und der Natur zusehen zu können, keine weitere Aufgabe zu haben, als unversehrt den Fluss hinunterzukommen und irgendwo einen Platz zum Schlafen zu finden. Mein Handy ist seit heute Morgen im Flugmodus. Wenn möglich, telefoniere ich einmal am Tag kurz mit Anja und den Kindern, aber Anja weiß auch, dass es nichts zu bedeuten hat, wenn ich mich mal nicht melde. Es gibt viel, was ich an ihr liebe, und es wäre sicher romantischer, hier andere Dinge aufzuzählen, aber der entspannte Umgang mit der Kommunikation von unterwegs gehört definitiv dazu. Sie weiß genau: Wenn sie nichts hört, dann passt es gerade nicht, mein Akku ist leer, oder ich habe keinen Empfang. Das mag nebensächlich klingen, aber nicht ständig diesen einen Anruf im Kopf zu haben, trägt entscheidend dazu bei, dass das Gefühl, nichts zu müssen, überhaupt entstehen kann.

Heute Morgen kam eine Nachricht von meiner Mutter. Sie sei gerade für ein paar Tage in München, ob wir uns nicht treffen wollen. Ich habe zurückgeschrieben, dass ich wahrscheinlich am Nachmittag dort ankommen werde und mich kurz vorher noch einmal melde. Aber so weit ist es noch nicht. Noch knirschen Kieselsteine unter meinen nackten Füßen, und München scheint mir verdammt weit weg.

05

GARTEN-ZEIT

München und ein bisschen Mutti

Je näher ich München komme, desto mehr Menschen sehe ich am Ufer. Joggerinnen, Spaziergänger, Radfahrer und solche, die sich in den kaum einsehbaren Buchten ein Plätzchen zum Sitzen, Quatschen oder Sonnen gesucht haben. Manche fühlen sich regelrecht ertappt, wenn ich an ihnen vorbeisause und vom Wasser grüße. An der Marienklausenbrücke auf Höhe des Tierparks Hellabrunn will ich runter von der Isar. Erstens befindet sich hier ein heikles Wehr und direkt dahinter einige Sohlrampen. Das sind im Flussbett verlegte Bruchsteine, über die das Wasser schräg abfallend hinunterrauscht. Zweitens wartet meine Mutter am Ufer. Es erfordert etwas Geschick, das Board mit dem schweren Gepäck bei der starken Strömung punktgenau anzulanden, aber mittlerweile gelingt es mir fast spielerisch. Nach einem herzlichen Hallo sattle ich um auf den Bootswagen, und wir laufen Richtung Brücke. Mit dem aufgebauten Board ist mein Gespann 4,5 Meter lang, aber ich habe auch keine Lust, alles wieder in der Packtasche zu verstauen, wenn ich später sowieso weiterpaddle.

Wir sind noch nicht in der Mitte der Brücke angekommen, da wird klar, dass irgendwo da unten gerade etwas Schlimmes passiert sein muss. Als wären wir in einen Katastrophenfilm geraten, rasen von hinten und vorne Feuerwehr- und Polizeiwagen mit Blaulicht heran. Über uns tauchen zwei Rettungshubschrauber auf. Vom anderen Ende der Brücke rennen weinende Kinder den Feuerwehrmännern entgegen und gestikulieren wild flussabwärts, wo die Isar donnernd davonzieht. Ich ahne, was los ist, würde am liebsten meine Hilfe anbieten, weiß aber, dass in diesem Moment keine Möchtegernhelden gefragt sind, sondern Profis. Meine Mutter und ich sollten jetzt am besten geradewegs über diese Brücke marschieren, bevor wir im Weg rumstehen. Drüben erfahren wir, dass die Kinder auf einer Wiese am Isarufer Ball gespielt haben, der Ball ins Wasser gefallen und drei Jungs hinterhergesprungen sind. Einen von ihnen habe die Strömung mitgerissen. Ich rede mir ein, dass die Helfer mit diesem Aufgebot eine gute Chance haben, das Kind aus dem Fluss zu holen, bevor es zu spät ist. Vollends überzeugt bin ich davon allerdings nicht, weil ich selbst gespürt habe, welche Kraft die Isar entfalten kann. Eine solche Strömung nimmt keine Rücksicht, auf nichts und niemanden.

Etwas verstört setzen wir uns Richtung Innenstadt in Bewegung. Und schon wenige Hundert Meter abseits des Dramas ist dieser Augustnachmittag wieder viel unbeschwerter, mit Sonne, leichtem Wind und Menschen in Wochenendstimmung. Gegenüber dem Glockenbachviertel lassen wir uns auf den Isarwiesen nieder. Mit meiner Mutter hier zu quatschen, an einem Ort, an dem weder sie zu Hause ist, noch ich es bin, hat etwas Besonderes. Ich fühle mich ihr viel näher als bei den üblichen Treffen, wenn ich mal auf einen Kaffee vorbeigucke oder sie zum Frühstück kommt. Verrückt, wie lang unsere gemeinsame Geschichte jetzt schon ist – und wie selten es mir im Alltag gelingt, das wirklich zu würdigen.

Als ich kurz meine Trinkflasche vom Board hole, stehen plötzlich zwei Polizisten neben mir. »Wollen Sie da jetzt aufs Wasser?« Ich verneine, kann jedoch nicht widerstehen, bei der Gelegenheit meinen Spielraum auszuloten: »Aber ich dürfte doch, oder?« Soweit ich weiß, gab es aufgrund des Hochwassers zwar ein offizielles Befahrungsverbot für die Isar in München, nur wurde das vor etwa einer Woche aufgehoben. Die Beamten haben keine Antwort auf meine Frage, und einer der beiden zückt sein Funkgerät. »Das weiß ich gar nicht genau«, gibt er grinsend zu, »interessiert mich aber auch.« Der Kollege am anderen Ende der Leitung bestätigt meine Information. »Ja, dürften Sie tatsächlich. Aber es wäre ganz schön, wenn wir heute nicht noch mal so einen Einsatz hätten.« Wir tauschen uns noch ein bisschen über den Vorfall an der Brücke aus, und ich versichere den beiden, dass ich heute nicht mehr aufs Wasser gehen werde. Es ist sowieso bald Abend, und ich würde gerne noch etwas Gutes essen.

Für heute Nacht werde ich schon einen Platz finden. Vielleicht komme ich irgendwie in den Garten des Alpinen Museums auf der Praterinsel, die gar nicht weit entfernt ist. Da hätte bestimmt keiner was dagegen, wenn ich meine Hängematte zwischen zwei Bäumen aufspanne.

Die Polizisten ziehen weiter, und wir machen uns auf zum Biergarten am Muffatwerk. Ich rangiere mein Gespann mit dem Heck zuerst durch den engen Eingangsbereich und parke es in Sichtweite. An die fragenden Blicke habe ich mich längst gewöhnt. Vor allem lese ich längst etwas anderes in ihnen als noch an der Zugspitze. Klar, da ist die Irritation, weil ein Typ mit einem 4,5 Meter langen Stand-up-Paddleboard und einer Menge Gepäck auf Rädern nun mal nicht ins gewohnte Biergarten- oder Gipfelbild passt. Aber ich bilde mir ein, dass sich in das stille »Hä?« mehr Anerkennung als Abwertung mischt. Mich hat zumindest noch keiner blöd angemacht.

Der Biergarten brummt, aber die Tonlage ist angenehm. Wir finden einen freien Tisch zwischen einem älteren Pärchen und einer kleinen Runde Arbeitskollegen, die wohl direkt aus dem Büro hergekommen sind. Die Sonne hat sich hinter die Häuser verabschiedet, und die Luft ist merklich kühler geworden.

Seit ich von der Zugspitze aufgebrochen bin, könnte ich ständig essen. Das ist sicher nur logisch, denn ich verbrauche ja eine Unmenge an Kalorien. An diesem Ort ist das Bedürfnis nach neuer Energie in Form kulinarischer Köstlichkeiten extragroß – und verführerisch einfach zu stillen. Große Breze, Obazda, Makrele vom Grill mit frischem Gemüse. Genau in dieser Reihenfolge lasse ich es mir schmecken und kann auch die Reste der Ofenkartoffel, die meine Mutter bestellt hat, nicht liegen lassen. Wir haben nur diese paar Stunden zusammen, aber eine richtig gute Zeit.

Wir verabschieden uns vor dem Alpinen Museum, dessen Garten leider völlig unzugänglich ist. Es wird im großen Stil renoviert, überall stehen hohe Bauzäune. Kurz: Ich befinde mich mitten in München, es ist spät abends, und ich habe keine Ahnung, wo ich schlafen soll. Wobei, eine Ahnung oder besser eine Hoffnung habe ich sehr wohl: Der Englische Garten, der sich am westlichen Isarufer bis in den Norden der Stadt zieht, könnte mir ein Nachtasyl bieten. Und so verschwinde ich mit meinem Board flussabwärts in die Dunkelheit.

Anfangs sind die Wege am Ufer der Isar noch beleuchtet, aber es dauert nicht lange, und ich bin voll und ganz auf meine Stirnlampe angewiesen. Ich begegne lange keiner Menschenseele, dann sehe ich schon von Weitem drei Männer im Schein einer Laterne. Vor allem höre ich sie. Aber kein Gegröle tönt mir durch den Englischen Garten entgegen, sondern Reggaesound, so unaufdringlich, als hätte er sich mit den Schwingungen der Sommernachtluft synchronisiert. Die drei spielen selbst – Bass, Gitarre und eine westafrikanische Trommel –, ohne Zuhörer, versunken in den Rhythmus ihrer Musik. Ich bleibe kurz unter ihrer Laterne stehen, wir tauschen ein paar Worte und wünschen uns alles Gute. Ich bin sicher schon eine Stunde gelaufen, und langsam ist es Zeit, nach zwei geeigneten Bäumen Ausschau zu halten, die nicht direkt an einem der breiteren Wege liegen. Linker Hand leuchten plötzlich zig Augenpaare im Dunkeln, und ich erkenne im Lichtkegel meiner Stirnlampe eine Schafherde hinter einem mobilen Zaun. Kaum zu glauben, dass ich immer noch in der drittgrößten Stadt Deutschlands bin. Wenige Hundert Meter weiter finde ich, was ich suche, und schaukle schon kurz darauf in den Schlaf. Wieder ein Tag, an dessen Ende es mir fast surreal erscheint, was ich alles erlebt habe, obwohl ich doch eigentlich nur einem Fluss gefolgt bin.

Der nächste Morgen hält zwei bittere Erkenntnisse bereit. Zuerst stelle ich mit Schrecken fest, dass ich mein ultraleichtes Carbonschäufelchen am letzten Übernachtungsplatz an der Loisach vergessen haben muss. Das Teil war nicht nur richtig teuer, sondern auch Gold wert: Ich konnte damit mein morgendliches Geschäft diskret vergraben. Selbstverständlich werde ich das auch weiterhin tun, nur wird es jetzt deutlich mühsamer, weil ich erst einen Stein oder Stock zum Graben suchen muss. Außerdem habe ich offenbar eine meiner Trinkflaschen auf der Parkbank vor dem Alpinen Museum stehen gelassen. Gott sei Dank habe ich noch zwei weitere, das wird schon irgendwie reichen. Gestern Vormittag ist bereits einer der beiden Socken, die ich zum Lüften unter einen Gepäckgummizug meines Boards gesteckt hatte, in einer Stromschnelle flöten gegangen. Jetzt bleibt mir nur ein einziges Paar. Das darf mir einfach nicht passieren, denn im Prinzip ist alles, was ich dabeihabe, wichtig.

Mache ich so weiter, komme ich – wenn überhaupt – ohne Ausrüstung und nackt auf Sylt an.

Zum Frühstück gibt es eine Mischung aus Haferflocken, Nüssen und Obst, zwar nicht geröstet, aber fast wie zu Hause. Ich sitze vor meiner Hängematte, nutze das Board als Tisch und beobachte, wie der Englische Garten erwacht. Ein Jogger hält auf mich zu und hat eine Menge Fragen zu meiner Hängematte. Kaum ist er weitergelaufen, taucht erst ein neugieriger Hund an meinem Frühstückstisch auf, dann seine Besitzerin, die sogar anbietet, mir einen Kaffee vorbeizubringen, wenn sie auf dem Rückweg ihrer Runde ist. Doch da bin ich schon weitergezogen.

Ich muss mich dringend gründlich waschen. Ein gutes Stück die Isar runter finde ich am Rande einer Sohlrampe eine Stelle, wo das Wasser schnell genug fließt, um klar zu sein, und langsam genug, dass es mich nicht gleich mitreißt. Das erste richtige Bad nach fünf Tagen ist eine Offenbarung. Nachdem ich mich frisch gemacht habe, liege ich noch einige Minuten in der sanften Strömung und wasche anschließend meine Klamotten durch – das verbliebene Paar Socken, die zwei Shirts, die Unterhose und die lange Hose mit den abtrennbaren Beinen. Die Sonne scheint, und von meiner Waschstelle sind es nur wenige Minuten zum Poschinger Weiher, wo ich die Klamotten zum Trocknen auf einer Liegewiese ausbreite. Ich lege mich in Boardshorts daneben und hole mein Handy raus, um zu recherchieren, wie es von hier aus weitergeht. Ursprünglich wollte ich noch bis Landshut auf der Isar paddeln und von dort bis nach Regensburg an die Donau laufen. Die Isar würde mich und mein Board zwar auch direkt bis in die Donau tragen, aber dann würde ich mich auf dieser schon zu weit stromabwärts befinden, um noch einen Fluss gen Norden zu erwischen. Ich wollte von der Donau aus auf der Naab weiter. Sie kommt von Norden und mündet bei Regensburg in die Donau. Aber ich müsste auf ihr gegen die Strömung paddeln, und dafür sind die Wasserstände momentan zu hoch.

Je höher der Pegel, desto stärker die Strömung. Also entscheide ich mich, die Pläne zu ändern, mein Board jetzt schon zusammenzupacken und mich von hier aus zu Fuß nach Vohburg aufzumachen, das deutlich weiter westlich an der Donau liegt. Von dort könnte ich rund 20 Kilometer bis Kelheim paddeln, um auf den Main-Donau-Kanal überzusetzen, der wie die Naab von der Donau nordwärts führt, allerdings keine Strömung hat. Ich gebe also Vohburg an der Donau in meine Navigations-App ein und weiß: Ich werde jetzt erst einmal 90 Kilometer zu Fuß durchs Alpenvorland unterwegs sein.

06

HELENE FISCHER UND ANDERE SCHRECKEN

Von München zu Fuß an die Donau

Wenn du aus Norddeutschland kommst und an Wandern in Bayern denkst, hast du sofort Bilder von malerischen Bergen und Kraxelei im Kopf. Der Landstrich nördlich von München ist völlig anders – platt und nicht sonderlich abwechslungsreich. Dazu kommt, dass ich oft auf Radwegen laufe, weil meine Wagenkonstruktion da am besten rollt. Und die besten, schnörkellosesten Radwege wiederum führen hier entlang: an den Bundesstraßen. Sprich: Mein Wandererlebnis ist – von Ausnahmen abgesehen – nicht gerade wahnsinnig romantisch. Schon kurz nachdem ich vom Poschinger Weiher aus München raus bin, erwischt mich bei Unterföhring in Sichtweite der Allianz-Arena eines der schweren Unwetter, die an diesem Tag über den Süden Deutschlands hinwegwalzen. Ich ziehe mein Regenzeug an und laufe einfach weiter. Es dämmert schon, als ich pitschnass in einen großen Supermarkt latsche, um meinen Lebensmittelvorrat aufzufüllen.

Die Nacht verbringe ich in einem Waldstück an der B13. Gott sei Dank lassen Regen und Wind nach, dafür fährt mir mitten im Schlaf ein solcher Schrecken in die Glieder, dass ich innerhalb von Sekundenbruchteilen hellwach bin und instinktiv laut aufschreie. Irgendetwas ist von unten gegen meine Hängematte gestoßen. Und meine Erfahrung ist, dass ein Etwas im Wald – egal was es ist – ziemlich schnell Schiss bekommt, wenn ich unvermittelt laut werde. Ich schalte die Stirnlampe ein und suche die Umgebung aus der Hängematte heraus ab, entdecke aber nichts. Mit einem merkwürdigen Gefühl der Unklarheit liege ich noch eine Zeit lang wach, lausche und leuchte. Plötzlich berührt mich wieder etwas, diesmal sanfter als beim ersten Mal. Aber da ist nichts. Die Situation ist wie gemacht zum Durchdrehen. Ich zwinge mich dazu, sie dennoch weiter nüchtern zu betrachten. Es muss doch eine Erklärung dafür geben! Wenige Minuten später finde ich sie: Der Wind ist zwar kein Sturm mehr, aber er bläst immer noch kräftig und versetzt die langen Stämme der Fichten ins Schwingen. Wenn die Schwingungen der beiden Bäume, an denen ich hänge, in einem kurzen Moment auf eine ganz besondere Weise zusammenspielen, erfährt meine Hängematte einen ruckartigen Impuls nach oben, als würde jemand gleichzeitig an beiden Enden der Befestigung ziehen. Und das fühlt sich an, als wäre da was, was mich von unten hochdrückt. In Wahrheit ist hier niemand, zumindest sehe ich die ganze Nacht und auch am nächsten Morgen kein Lebewesen, das größer ist als eine Amsel. Es gibt allerdings unter den kleinen Tieren solche, über die ich jeden Morgen fluche: Nacktschnecken.

Am nächsten Tag, Sonntag, mache ich ordentlich Strecke und laufe bei drückender Hitze durch ausgestorben scheinende Dörfer. Meine Hängematte hänge ich am Rande eines Roggenfeldes auf. Als ich nach einer Nacht ohne erwähnenswerte Kopfkinoerlebnisse aufwache, sind die Viecher überall – auf meiner

Packtasche und dem Rucksack, auf meinen Schuhen, in (!) den Schuhen, auf dem Board sowieso. Sogar die dünnen Abspannleinen des Tarps und meine Socken, die ich zum Lüften rausgelegt habe, haben sie vollgeschleimt. Das ist das Schlimmste: der schleimige, klebrige Film, den sie hinterlassen. Ich setze die Schnecken ins hohe Gras und versuche, wenigstens Socken und Schuhe wieder halbwegs schleimfrei zu bekommen. Schließlich habe ich jeweils nur dieses eine Paar.

Am dritten Abend meiner Wanderung von München an die Donau laufe ich an der Ilm entlang, einem etwa 80 Kilometer langen Nebenfluss der Donau, der aber zu flach, zu verbaut und verkrautet ist, um ihn paddeln zu können. Die Sonne geht gerade unter, und ich telefoniere mit Anja, da greifen die Mücken an. Erst glaube ich, sie einfach verscheuchen zu können, wedele wild mit dem freien Arm herum, dann keuche ich entnervt ins Telefon: »Tut mir leid, ich muss jetzt sofort auflegen. Vielleicht rufe ich später noch mal an ...« Ich verschaffe mir durch einen Sprint ein wenig Luft, setze den Rucksack ab und krame das schwedische Moskitospray heraus, das mir ein Bekannter empfohlen hat. Fürs Erste hilft das ganz gut, aber ich werde die Mückenstunde in der Abenddämmerung vor allem für die Zeit, in der ich direkt am oder sogar auf dem Wasser unterwegs bin, wohl auf dem Schirm haben müssen. Zuletzt hat es am Abend oft noch geregnet, da war es mit den Viechern nicht so wild, jetzt ist für die nächsten zehn Tage Sonnenschein und gar kein Niederschlag angekündigt.

Kurz vor Vohburg verbringe ich die Nacht am Zugang zu einem Fischteich, nur 5 Meter neben dem Radweg, der an ihm entlangführt. Der Gedanke, dass möglicherweise jemand vorbeikommen und mein Nachtlager entdecken könnte, macht mir mittlerweile überhaupt nichts mehr aus. Wenn ich noch wach bin, grüße ich freundlich, und wenn ich schon schlafe, dann

INDIANA
SUP

schlafe ich. In der Dunkelheit mitten in der Walachei einem Fremden zu begegnen, ist für die anderen vermutlich merkwürdiger als für mich – mich überrascht es ja nicht. Morgens freue ich mich sogar, jemandem ein »Guten Morgen!« zurufen zu können, so wie den beiden Frauen, die mit dem ersten Vogelgezwitscher eine Nordic-Walking-Runde um den Teich drehen.

Vohburgs Altstadt verführt mich zu einem zweiten Frühstück vor der Bäckerei, wo am Nebentisch ein Pärchen aus Koblenz sitzt, das mit Fahrrädern die Donau runterfährt. Die Donau ist eine echte Tourismusroute. Trotzdem wirkt der Ort an der Donaulände und direkt am Flussufer selbst zu dieser Tageszeit eher verschlafen als aufgedreht. Die Donaulände ist im Prinzip eine große Wiese unterhalb einer Brücke, die vom historischen Stadtkern über den Fluss führt. Sie dient als Rastplatz für Wasserwanderer und Radfahrer, an dem auch kostenlos übernachtet werden darf. Daneben führt eine breite Rampe ins Wasser, an die man sogar rückwärts mit einem Anhänger heranfahren kann, um große Schlauchboote oder Kajaks einzusetzen. Es gibt eine Feuerstelle und etwas abseits Toilette, Waschraum und Mülleimer. Ein guter Ort für einen Ruhetag.

Ich sehe mich als Erstes nach zwei Bäumen um, an denen ich meine Hängematte später aufhängen kann. Hinter der offenen Fläche, etwas flussabwärts, werde ich fündig. Ich mache mir eine imaginäre Notiz, kehre zurück zu meinem Gepäck, das ich auf der Wiese stehen gelassen habe, und lege mich in die Sonne.

Vor einer Woche stand ich am Gipfelkreuz der Zugspitze. Mir kommt es vor, als wäre es deutlich länger her. Ich habe ganz schön geackert in dieser Zeit. Auf den letzten 90 Kilometern zu Fuß sind die Blasen an meinen Hacken, die sich schon beim Abstieg von der Zugspitze gebildet hatten, ziemlich unangenehm geworden. Aber abgesehen davon, bin ich nicht nur wohlauf und gesund, sondern fühle mich fast ein bisschen so, als könnte mir nichts und niemand etwas anhaben – ein Gefühl, das zweifelsohne trügt, aber durchaus zuversichtlich macht. Ich bin dankbar, dass meine Knie gut mitziehen, schließlich laufe ich mit einem eingerissenen Innen- und einem operierten Außenmeniskus herum. Der untere Rücken, auch so eine Schwachstelle, hat noch gar nicht gemurrt, aber ich dehne mich zwischendurch auch brav. Anja und die Kinder kommen gut klar, und ich habe wirklich besondere Momente erlebt. Es ist befreiend, so zu reisen: aus eigener Kraft, alles bei sich zu haben, maximal flexibel zu sein. Trotzdem schwirrt mir die Frage im Kopf herum, wie viel Durchpowern der Wunsch nach einer neuen Vision – wegen der ich ja losgezogen bin – verträgt.

Die Menschen, die sich unter Anleitung auf die Suche nach einer Vision machen, powern gar nicht. Ganz bewusst sind sie tagelang an einem Ort, ohne jegliche Aufgabe. Selbst essen tun sie in dieser Zeit nichts, damit die Nahrungsaufnahme sie weder praktisch noch gedanklich beschäftigt. Für mich ist das Essen dagegen enorm wichtig, denn wenn ich vorankommen will, muss die Energieversorgung stimmen. Kann das für mich mit dieser Reise also überhaupt so funktionieren, wie ich es mir vorgestellt habe? Bis heute habe ich zwar eine wahnsinnig intensive Zeit verbracht, aber Raum für Visionen war da kaum. Immerhin: Heute mache ich keine Strecke mehr, sondern Pause. Die Klamotten müssen wieder gewaschen werden und ich auch. Meine geschundenen Füße reibe ich mit Hirschtalgsalbe ein, außerdem ist es Zeit für etwas Körperpflege. Mein Cap sitzt zu weit, das hat mich gestern gestört, also trenne ich den Verschluss mit dem Taschenmesser auf, kürze das Ende ein und nähe ihn mit reißfestem Nylonfaden wieder an. Ich absolviere ein ausgiebiges Dehnprogramm, laufe zum nächsten Supermarkt – und danach schaffe ich es dann wirklich, ein paar Stunden lang nichts zu tun, außer das Geschehen um mich herum zu beobachten.

Die Donau fließt mit ordentlichem Schub an meinem Rastplatz vorbei, macht aber längst nicht so einen unbändigen

Eindruck wie die Isar. Vier Männer, wahrscheinlich Mitte zwanzig, kommen in Kanadiern den Fluss runter, gehen an Land und schleppen ihr Gepäck auf die Wiese. Hinter mir rollt ein SUV mit Wohnwagen auf den Rastplatz und steuert zielsicher auf die Ecke zu, die ich mir für die Hängematte ausgeguckt habe. Radfahrer kommen vorbei, halten kurz an, und setzen dann ihren Weg fort. Irgendwann taucht ein junger Franzose auf, Clément, der mir erzählt, dass er noch zwei Wochen freihat, ehe er einen Job auf einem Biohof in der Nähe von Frankfurt beginnt. Die Zeit nutzt er, um die Landschaften an Main und Donau kennenzulernen. Clément will die Nacht hier auf dem Rastplatz im Zelt verbringen, die vier Paddler bleiben wohl auch, und als ich mich umdrehe, sehe ich, dass der Typ mit dem Wohnwagen das komplette Dauercamperarsenal aufgefahren hat: Gasgrill, Klappsitzgarnitur (die mit den hohen Lehnen und dicken Polstern), Musikanlage. Gerade hantiert er mit einer Art Flammenwerfer am Grill herum.

Ich wende mich wieder Clément zu und frage ihn, ob er Lust auf einen Asiagemüsetopf mit Couscous hat. Während ich das Gemüse schneide und von meiner Reise berichte, dreht der SUV-Camper hinter uns die Musik auf. Helene Fischer. Jetzt wäre ich gerne Franzose. Clément versteht nämlich kaum ein Wort, konnotiert Helene Fischer mit gar nichts, weil er ihren Namen noch nie gehört hat, und reagiert auf mein Stöhnen nur mit einem Schmunzeln.

Nachdem wir gegessen haben, ergreife ich die Flucht – allerdings nach vorne. Bis in die Ecke des Rastplatzes, von der aus jetzt nicht mehr Helene Fischer, sondern irgendeine andere Schlagerkönigin die milde Luft erfüllt, sind es ungefähr 100 Meter. Zielstrebig gehe ich hinüber. Am Campingtisch sitzen mittlerweile drei plauzige Männer und eine Frau mit aufwendiger Föhnfrisur, neben der Musikanlage läuft ein Generator, der zwei riesige Kühlboxen betreibt. Auf einer der Boxen steht ein

Bierfass. »’n Abend. Das sieht aus, als hättet ihr ’ne gute Zeit«, sage ich, als ich die Wohnwagenrunde erreiche. »Ja, gibt nichts Besseres. Willste ’n Bier?« Ich trinke seit Jahren keinen Alkohol mehr und weiß genau, dass mich in Situationen wie dieser abfällige Stammtischsprüche erwarten, wenn ich ehrlich bin. Damit kann ich gut umgehen, aber ich frage mich immer wieder, wie viele Menschen das nicht können und nur trinken, weil es eben in gewissen Situationen dazugehört. Heute lasse ich einfach keinen Raum für Häme: »Nee, danke. Ich wollte nur mal wissen, ob das ein langer Abend wird bei euch. Hatte mir nämlich eigentlich vorgenommen, hinter dem Wagen meine Hängematte für die Nacht aufzuhängen.« Die Antwort ist deutlich: »Ja, das geht lange. Aber bei der Musik schläfst du bestimmt gut ein.« Ich stimme in das allgemeine Gelächter ein, wünsche der Truppe alles Gute und hake den Schlafplatz ab. Auf dem Weg zurück zu Clément, der einen Blick auf meine Taschen wirft, scanne ich noch einmal die Umgebung nach Alternativen für die Hängematte. Die einzige Chance, die ich sehe, sind die zwei großen Bäume zwischen Rastplatz und Donaubrücke. Da machen die Autos zwar Krach, und ich hänge mehr oder weniger auf dem Präsentierteller, aber dafür weit weg von der Camperhölle.

Bizarrerweise wird die Nacht die beste, die ich bislang hatte. Als ich morgens aufwache, fühle ich mich so tiefenentspannt und bei mir, als wäre ich erst jetzt wirklich angekommen auf dieser Reise. Ja, die Musik war zu hören, aber ich könnte nicht einmal sagen, wie lange. Natürlich sind Autos über die Brücke gedonnert, aber ich wüsste nicht, wie viele. Vielleicht hat mich jemand beäugt, aber ich hätte keine Ahnung, wer. Und waren da Mücken? Nicht in meinem sanft schaukelnden, vom Moskitonetz umschlossenen Kokon. An einem Ort, an dem ich es am wenigsten erwartet hätte, ist auf einmal etwas zurückgekehrt, das mir schon vor Monaten abhandengekommen war: meine

Gelassenheit. Mit ihr ist es wie mit allen Gefühlen – du kannst sie dir einreden, auf die Fahne schreiben oder sie beschwören, aber ihre wahre Fülle spürst du erst, wenn sie dich wirklich erfassen.

Die Sonne kriecht über die Baumkronen am Flussufer und zeichnet leuchtende Muster in das Innere meines Kokons. Ich ziehe den Reißverschluss des Moskitonetzes auf, schiebe mich aus meinem Schlafsack und setze die nackten Füße in das feuchte Gras. Es scheint mir, als begänne mit diesem taufrischen Tag ein gänzlich neuer Abschnitt.

Ich gehe vor bis ans Wasser und sehe zu, wie es friedlich und unaufhaltsam zugleich gen Osten tanzt. »Darf ich bitten?«, frage ich in Gedanken und strecke ihm die rechte Hand entgegen. Das Wasser umströmt meine Finger mit einer Intensität, als wolle es mich sofort mitnehmen. Ich ziehe die Hand behutsam zurück, packe meine Sachen, belade das Board, das ich gestern Abend noch aufgebaut habe, winke Clément zu, der gerade aus seinem Zelt kriecht, und verschiebe sogar das Frühstück, um den Fluss nicht zu lange warten zu lassen. Ich habe beste Laune. »Au revoir and all the best!«, rufe ich Clément zu. »Say hello to Sylt«, bittet er mich, aber da habe ich mein Board schon aufs Wasser geschoben. Ich hole zu einem großen Bogenschlag aus, und kurz darauf dreht die Nase meines Boards flussabwärts. Als die Strömung mich erfasst, halte ich noch einmal inne und werfe einen Blick auf die Donaulände. Von hier sieht es aus, als würde der Rastplatz an mir vorbeiziehen, dabei ist es genau andersherum. Vor mir liegt eine der schönsten Flussstrecken Deutschlands, aber wie sehr die Donau mich an diesem Tag umhauen wird, das ahne ich zu diesem Zeitpunkt noch nicht einmal.

07

HÖHENMETER IN DER HITZE

Vom Donaudurchbruch über den Kanal bis hinter Nürnberg

Etliche Millionen Jahre lang floss die Donau gar nicht durch das Tal, das sich heute vor mir erstreckt, sondern hatte sich weiter nördlich in die felsige Landschaft gegraben. Zwei ihrer südlichen Nebenflüsse wuschen ihre eigenen Täler aber nach und nach so tief aus, dass die Donau irgendwann vor rund hundertfünfzigtausend Jahren ihre Fließrichtung änderte und sich eine Abkürzung über diese Täler suchte. So ganz korrekt ist es also nicht, die Stelle, an der die Donau sich seitdem durch steile Felswände hindurchzwängt, als Donaudurchbruch zu bezeichnen, denn als die Donau damals kam, war das Bett schon gemacht – sie musste sich nur hineinlegen.

Besagte Stelle, um die sich einige Mythen ranken, wird aber auch Weltenburger Enge genannt, nach dem Kloster Weltenburg. Die uralte Benediktinerabtei liegt etwas oberhalb der Enge in einer Flussschleife direkt am Ufer. Ich bin dankbar, diesen besonderen Abschnitt der Donau heute erleben zu dürfen, hier, wo dieser riesige Strom noch frei fließt und weder Frachtschiffe noch Motorboote unterwegs sind – mal abgesehen von den Ausflugsdampfern, die zwischen Kelheim und dem Kloster Weltenburg verkehren.

Die Donau ist von ihrer Quelle im Schwarzwald bis zur Mündung im Schwarzen Meer fast 3.000 Kilometer lang und entwässert weite Teile Mittel- und Südosteuropas. Seit Menschen durch den Kontinent streiften, fiel ihr eine bedeutende Rolle zu. Schon in der Steinzeit suchten kleine Gruppen in den Höhlen der Kalkformationen dieser Gegend Schutz, die Kelten hinterließen ihre Spuren genauso wie persischsprachige Reiternomaden. Lange bildete die Donau die nordöstliche Grenze des Römischen Reiches und entwickelte sich im Mittelalter zu einer der wichtigsten Handelsrouten Europas. Heute spüre ich die Kraft und Würde der Donau hautnah. Das mag sich albern anhören, aber es erscheint mir tatsächlich als Ehre, mit meinem Board in die Geschichte des Flusses einzutauchen und damit ein Teil von ihr zu werden.

Die gut 20 Kilometer bis zum Kloster Weltenburg paddle ich mit halber Kraft, bin aber trotzdem schon nach zwei Stunden da. Ich habe kein größeres Bedürfnis, mir die beeindruckenden Gemäuer samt ältester Klosterbrauerei der Welt von innen anzusehen, lege aber dennoch am riesigen Kiesstrand vor dem Kloster an, um mir Zeit für diesen Ort zu nehmen. Unter den Blicken der Touristen ziehe ich den Bootswagen über Tausende kleiner Steinchen, die hier meterhoch geschichtet sein müssen – der Wagen sinkt durch das Gewicht des Boards und Gepäcks so tief ein, dass seine Räder sich kaum mehr bewegen und mein Ziehen eher einem Hinterherschleifen gleicht. Nach wenigen Metern lasse ich es gut sein und setze mich neben mein Board in den knirschenden Kies.

Der Strand dient den Besuchern des Klosters als Freiluftwartezimmer. Die meisten von ihnen kommen mit einem der Ausflugsschiffe von Kelheim durch die Weltenburger Enge her und haben zwischen dem obligatorischen Klosterrundgang und der Rückfahrt noch Zeit. Ich sitze bestimmt zwei Stunden hier und erkenne den Rhythmus schnell, in dem es erst etwas leerer wird, weil demnächst ein Schiff am 400 Meter entfernten Steg hinter der nächsten Flussbiegung ablegt, und sich der Strand kurz darauf wieder füllt. Es scheint ein Muss zu sein, an dieser Stelle ein paar flache Kiesel zu suchen und sie über das Wasser der Donau hüpfen zu lassen.

Mit meinem merkwürdigen, vollgepackten Wasservehikel und der mittlerweile doch etwas abenteuerlichen äußeren Erscheinung bin ich ein Fremdkörper in dieser Szenerie, und ehrlich gesagt fühle ich mich auch ein wenig so. Es ist skurril – einerseits bin ich voll da in diesem Moment, andererseits nehme ich die Menschen um mich herum wahr, als kämen wir aus völlig verschiedenen Welten. Und womöglich trifft das in diesem Moment sogar zu.

»Papa, komm auch!«, ruft ein kleines Mädchen, das barfuß am Ufer planscht. Seine Antwort ist so traurig wie beschämend: »Nein, dafür bin ich zu alt.« Ein paar Meter weiter krakeelt eine Mutter ihrem Sohn hinterher: »Theo, nicht so weit ins Wasser. Das ist gefährlich, Theo!« Links von mir machen Frauen aus dem fernen Osten kichernd Selfies, und eine Rentnergruppe holpert schnaufend Richtung Würstchenstand im Schatten der Klostermauern. Ewig würde ich nicht hierbleiben wollen, aber für diese zwei Stunden sauge ich das sonderbar wirkende Treiben gerne auf. Ich weiß ja, dass ich nur auf mein Board steigen muss, um zurück in die Welt zu gelangen, die mir momentan deutlich attraktiver erscheint – jene Welt auf dem Wasser, in der Natur, dahinfließend und in Bewegung.

Ich hole das Handy aus dem Flugmodus und schicke eine

Sprachnachricht nach Hause, dann sattle ich mein prall mit Luft gefülltes Flusspferd und führe es zurück in die Strömung. Die ersten Felswände der Weltenburger Enge sind schon von hier aus sichtbar, aber die Donau biegt am Ende des Kiesstrands noch einmal scharf nach rechts ab und schlängelt sich hinter dem Schiffsanleger wieder nach links, ehe sie übermütig durch die eigentliche Enge schießt.

Die Felsen werden immer größer und ich immer kleiner, zumindest scheint es mir so. Eine Menge Dinge wirken auf mich ein – die imposante Landschaft, die immer stärkere Strömung, die tückischen Kehrwasser und Strudel, die Ausflugsschiffe, zu denen ich genug Abstand halten muss. Zu Beginn meiner Reise hätte mich das sicher nervös gemacht, an diesem Nachmittag steuere ich mein Board wie selbstverständlich in das Nadelöhr, das die Donau hier durchfließt. Das mit den Schiffen ist halb so wild, weil ich einen guten Moment abgepasst habe, und die zwei, die mir begegnen, nehme ich kaum bewusst wahr.

In der Weltenburger Enge ist die Donau schon bei normalem Wasserstand 20 Meter tief, nur 100 Meter breit, und die Felsen ragen bis zu 80 Meter senkrecht gen Himmel. Der hohe Flusspegel ist ein Segen. Er verlangt zwar erhöhte Aufmerksamkeit, aber führt auch dazu, dass sich selbst bei herrlichstem Sonnenschein kaum jemand mit einem paddelbaren Boot in den Donaudurchbruch wagt, mit einem Board sowieso nicht.

Ich könnte einfach mit der Strömung hindurchreiten, entdecke hinter einer Felsformation aber eine kleine Kiesbank am rechten Ufer, die von überhängenden Bäumen eingefasst ist. Als ich mich entscheide, dort noch einmal anzulegen, bin ich schon einige Meter zu weit getrieben, schaffe es aber, das Board nah am Ufer, wo die Strömung nicht mehr ganz so heftig ist, zu drehen und mit aller Kraft flussaufwärts zu bewegen. Zum zweiten Mal an diesem Tag lasse ich mich auf einer Kiesbank nieder, aber obwohl beide kaum einen Kilometer Luftlinie voneinander entfernt sind, liegen sie in völlig verschiedenen Welten. Dort touristischer Sammelplatz, hier geheimer Rückzugsort. Die Felsen in meinem Rücken schotten mich komplett ab vom Treiben, das hinter mir liegt, vor mir gurgelt der Fluss, und um mich herum rascheln die Blätter im sachten Wind, der von Osten weht. Aus dem Augenwinkel sehe ich, wie etwas Blaues zwischen zwei Bäumen hervorschießt. Ich kann erkennen, dass es ein Eisvogel ist, aber mein Blick verliert ihn genauso jäh, wie er ihn wahrgenommen hat. So außergewöhnlich erscheint mir die Gesellschaft dieser kobaltblau-türkis gefiederten Schönheiten gar nicht mehr, ich habe zumindest schon einige auf der Loisach und Isar gesehen, aber ich freue mich trotzdem jedes Mal, wenn eine von ihnen auftaucht.

Auf einer Route unterwegs zu sein, die nur wenige nehmen, und an Spots zu gelangen, die für die meisten nicht zugänglich sind, ist einer der großen Vorteile des Wasserwanderns. Den schmalen Kiesstreifen, auf dem ich sitze, wird so schnell keiner betreten. Zu Fuß kommt ohnehin keiner her, und wer paddelt, würde eher die nächste, größere Kiesbank etwas flussabwärts am gegenüberliegenden Ufer wählen. Ich genieße es, diesen Moment und diesen Ort für mich zu haben, seine Energie aufzunehmen.

Welche Orte warum besondere Wirkungen haben, ist wissenschaftlich bislang kaum zu belegen, aber dies tun zu wollen, erscheint mir auch gänzlich überflüssig. Wenn du an einem Kraftort bist, dann spürst du es. Und dass hier Kraft in der Luft liegt, daran besteht für mich nicht der geringste Zweifel.

Meine versteckte Kiesbank wäre ein fantastischer Platz zum Übernachten, aber natürlich (und Gott sei Dank!) ist der Donaudurchbruch Naturschutzgebiet, seit 2020 sogar Nationales Naturmonument, das Kampieren somit verboten. Ich nehme mir vor, die Nacht am Main-Donau-Kanal zu verbringen, und breche deshalb bald auf in das nur wenige Kilometer flussabwärts lie-

gende Kelheim. Durch die Enge fliege ich förmlich, so stark ist die Strömung. Die Verwirbelungen und Strudel am Rand des Flussbetts kann ich meiden, wenn ich im richtigen Moment schnelle, kräftige Paddelschläge setze, die mich auch in den Kurven in der schmalen Hauptströmung halten. Ein paarmal steche ich das Paddel entweder zu früh oder zu spät ein und werde fast aus der Strömung herausgetrieben. Das Board erfährt dann sofort den Impuls, sich querzustellen, was bei dem Tempo, das es draufhat, fast unweigerlich dazu führen würde, dass ich im Wasser lande. Aber so weit lasse ich es heute nicht kommen.

In Kelheim, wo der Kanal beginnt, umtrage ich direkt die erste monströse Schleuse und bin ziemlich irritiert: Hatte ich eben auf der Donau noch ordentlich Anschub – genau wie auf der Isar und der Loisach in den ersten Tagen meiner Reise –, ist auf einmal gar keine Strömung mehr da. Nichts. Ich komme noch voran, klar, aber auch nur so lange ich paddle.

Das werden intensive 170 Kanalkilometer bis nach Bamberg am Main, aber diesen Gedanken lasse ich schnell wieder verschwinden. Abgesehen von der nicht vorhandenen Strömung und der Schleuse, deutet nämlich wenig darauf hin, dass ich mich in einem Kanal befinde. Die Abendsonne taucht die sattgrüne Uferböschung in warmes Licht, und linker Hand zweigen mehrere verwilderte Altarme des Kanals ab, die eher nach Mangroven als nach künstlicher Wasserstraße aussehen. Als ich einen von ihnen durchpaddle, verschwinden gerade zwei Biber im Wasser und schicken kleine Wellen über die spiegelglatte Oberfläche. Rechts vom Kanal ziehen sich Felsen in die Höhe, und ich kann die Überreste einer mittelalterlichen Burg erkennen.

Tatsächlich ist der Kanal in diesem Abschnitt gar nicht von Menschenhand in die Landschaft getrieben, wie sein Name es vermuten lässt – er verläuft hier nämlich im Bett der Altmühl, die sich durch die Fränkische Alb hierherschlängelt und dann in Kelheim in die Donau mündet. Was nichts anderes bedeutet als: Über gut 30 Kilometer sind Kanal und Unterlauf der Altmühl ein und dasselbe. Natürlich wurde das Flussbett begradigt und ausgehoben, aber ich habe noch nie einen Kanal in dieser Größenordnung gesehen, der derart verträumt ist. Weit und breit kein Schiff, ich bin die einzige Menschenseele auf dem Wasser. Aber vielleicht bin ich gerade auch einfach selbst verträumt.

Die Mückenstunde paddle ich noch durch – dass ich mich bewege, scheint den Insekten zu anstrengend zu sein. Erst als es schon dunkel geworden ist, setze ich an einem Schiffsanleger aus, mache mir etwas zu essen, hänge die Hängematte auf und schlafe binnen Minuten erschöpft, aber unglaublich zufrieden ein.

Der Anleger dient als Haltestelle für die Flusskreuzfahrtschiffe, die wohl regelmäßig ihre langen Rümpfe über den Kanal schieben. Sehen tue ich auch am nächsten Morgen vorerst keins. Auf dem kleinen Parkplatz hinter dem Anleger stehen dennoch einige Autos. Aus einem der Campervans, die am Abend schon da waren, steigt ein Typ mit einer Metallsonde und kramt in seiner Hüfttasche. Ich habe mein Zeug auf einem Asphaltstreifen in Ufernähe ausgebreitet, um nicht im nassen Gras frühstücken zu müssen. Als unsere Blicke sich treffen, deute ich ihm wortlos mein Interesse an seiner Ausrüstung an, woraufhin er sichtlich erfreut zu mir rüberkommt. In dieser Gegend, erklärt er mir, gebe es viele alte Stätten keltischen und römischen Ursprungs, Überreste von Siedlungen, Festungen, Beobachtungsposten oder Orte, an denen sich kleinere Gruppen versammelten. Da gehe er hin, um in der Umgebung nach Relikten aus Metall zu suchen: Münzen, Werkzeuge, Waffen. Natürlich will ich wissen, ob er schon mal was gefunden habe. »Ständig«, antwortet er, »oft sind es Dinge aus unserer Zeit, aber vorgestern habe ich eine Münze ausgegraben, die höchstwahrscheinlich vor vielen Jahrhunderten einem Römer aus dem Rock gefallen ist. 20 Zentimeter unter der Erde lag die, etwas abseits eines Trampelpfads.« Ich bin erstaunt und revidiere im selben Moment mein erstes reflexartiges Urteil, dass jemand, der mit einem Metalldetektor durch die Gegend läuft, sicher leicht einen an der Marmel hat. Für ihn sei das Suchen nach Metallrelikten ein schöner Anlass, um draußen zu sein und sich zu bewegen. Eine Woche sei er schon mit seinem Van unterwegs, und jeden Tag unternehme er eine Wanderung zu einer oder mehreren historischen Stätten. Alleine die zu finden sei ein Abenteuer, »denn natürlich«, fügt mein Gegenüber hinzu, »sind vor allem die Orte spannend, die noch nicht komplett abgegrast, vielleicht sogar noch gar nicht entdeckt sind«. Seine Augen funkeln bei diesem Satz, und ich bin mir nicht sicher, ob ich ihm den großen Fund oder eine ewig währende Suche wünschen soll.

Auf dem Wasser ist mir schnell klar, dass die kommenden zwei Tage für mich eher harte Arbeit als spielerisches Entdecken werden. Hinter Dietfurt verlässt der Kanal das Bett der Altmühl und verliert seine Seele. Logischerweise fließt hier immer noch nichts – ich paddle über ein riesiges regungsloses Wasserbecken. Um diese Erfahrung so kurz zu halten wie möglich, verwandle ich mich in eine Maschine, die so lange stupide die gleiche Bewegung ausführt, bis sie abgeschaltet wird. Vier Schläge rechts, vier links, vier rechts, vier links ... Um der Monotonie entgegenzuwirken, beginne ich, bis ins kleinste Detail auf den Eintauchwinkel meines Paddels zu achten, darauf, wie weit ich es durchziehe und wie meine Füße auf dem Board stehen. Am Ufer markieren Schilder jede 100 Meter, die Schilder bei jedem halben und vollen Kilometer sind mit Zahlenangaben versehen. Eine meiner größten Herausforderungen ist, nicht ständig zu rechnen, wie weit es noch bis Nürnberg ist und ob ich morgen dort ankomme, wenn ich das aktuelle Tempo halte. Die Sonne brennt vom Himmel auf eine spiegelnde Wasseroberfläche ohne Schatten. Meine Höhepunkte sind die Schleusen, die alle 10 Kilometer wie monumentale Großmäuler in der Ferne auftauchen und umso bedrohlicher erscheinen, je näher ich ihnen komme. Es fühlt sich surreal an, völlig allein mitten auf diesem riesigen Kanal geradewegs auf den stählernen Schlund zuzusteuern. Erst im letzten Moment – wahrscheinlich ist der Schleusenwärter in seinem Ausguck da längst ins Schwitzen gekommen – drehe ich ein und gehe über die zum Ein- und Aussetzen vorgesehene Rampe an Land. Das Schleusen von Stand-up-Paddleboards ist verboten, und außenherum geht es für mich sowieso schneller. Die Schleusenanlagen sind immer gleich gebaut: rechts die Rampe, an der ich anlanden und den Bootswagen unter das Board schieben kann, dann ein schmaler Weg hoch zur Schleusentrasse und auf der anderen Seite wieder hinunter an den Kanal, wo erneut eine Rampe wartet, über die ich zurück aufs Wasser komme.

Ich bemerke kaum, dass dem Main-Donau-Kanal eine ganz besondere Aufgabe zufällt: Hinter jeder Schleuse verläuft er auf einem etwas höheren Niveau als davor. Von der Donau bis Bachhausen überwindet er auf diese Weise rund 68 Höhenmeter und erreicht damit die sogenannte Scheitelhaltung, also den höchstgelegenen Kanalabschnitt. Von der nächsten Schleuse in Hilpoltstein an geht es dann sukzessive 175 Höhenmeter bergab. Der Kanal schafft also das, was einem Fluss nicht gelingt: Er führt über einen Berg – in diesem Fall über die Europäische Wasserscheide. Ich habe das nie so richtig verstanden, wenn ich von der Autobahn aus auf einem der rotbraunen Hinweisschilder »Europäische Wasserscheide« gelesen habe. Jetzt leuchtet es mir ein: Die Erhebungen dieser Region bilden die topografische Grenze zwischen den Flüssen, die über Main und Rhein nach Westen und Norden abfließen, um schließlich in Ostsee oder Nordsee zu münden, und jenen, die über die Donau nach Süden und Osten in Richtung Schwarzes Meer strömen. Gut

5

möglich, dass es sich deshalb so unnatürlich anfühlt, diesen Weg zu nehmen, weil er dem Wasser aufgezwungen wird.

Dennoch gibt es natürlich Leben am und im Kanal, und ich lasse mich sofort davon ablenken, sobald es sich mir zeigt. Vor allem Graureiher und Wildgänse schaffen es, meine Gedanken von den Kilometeranzeigen zu lösen, indem sie wegflattern, sobald ich mich ihnen nähere, nur um sich etwas weiter vorne wieder niederzulassen. Das geht teilweise über mehrere Kilometer so. In gewisser Weise sind sie die Möhre vor meiner Nase, der ich hinterherpaddele und die ich nie erreiche. Einmal hebt ein großer Schwan majestätisch ab und hält so direkt auf mich zu, dass ich mein Paddel instinktiv zur Verteidigung hochreiße. Wieder einmal muss ich über mich selbst lachen, als der weiße Riese über mich hinwegschwebt.

Auf beiden Seiten des Kanals läuft parallel zum Ufer ein unbefestigter Wartungsweg, der für Fußgänger und Radfahrer freigegeben ist. Auch dort sind Spezies unterwegs, die sich erstaunlich gut kategorisieren lassen: Paare mit E-Bikes zum Beispiel, beide in viel zu engen Radtrikots, das Männchen immer ein paar Meter vorweg.

Ich habe fast ein schlechtes Gewissen, dass meine Gedanken nicht tiefer gehen, hier, wo ich doch Zeit und Raum habe, die großen Fragen zu bewegen. Aber gleichzeitig steigt das Gefühl in mir auf, dass es darum vielleicht gar nicht geht. Ich kann keine Antworten oder Visionen erzwingen, ich sollte es wahrscheinlich nicht einmal versuchen. Das Beste, was ich tun kann, ist, voll und ganz hier zu sein, hinzusehen, zuzuhören, das zu tun, was ich tun muss, um die Aufgabe, die ich mir selbst gestellt habe, zu erfüllen. Alles andere kommt von selbst – oder auch nicht. Ist das paradoxerweise schon eine der Erkenntnisse, die ich mir erhofft habe? In der Überzeugung, dass es sicher noch zu früh ist, das bejahen oder verneinen zu können, paddle ich weiter durch die Hitze. Vier Schläge rechts, vier Schläge links ...

Am Abend des zweiten ganzen Kanaltages habe ich fast 100 Kilometer zurückgelegt und verbringe die Nacht kurz vor Nürnberg in einem Waldstück hinter der Uferböschung. Kanalufer sind eine Mühsal sondergleichen für Wasserwanderer, die jenseits einer Schleuse rein- oder rauswollen: Erstens sind sie mit blockförmigen Granitsteinen befestigt, deren spitze Kanten und Ecken schnell dem Boot oder Board gefährlich werden können (laufen lässt es sich darauf auch schlecht!), zweitens wächst hinter dieser Befestigung meist ein undurchdringlicher Streifen hüfthoher Gräser. Es dauert ewig, bis ich eine Stelle finde, an der ich eine Möglichkeit zum Übernachten sehe und auch vom Wasser komme. So ewig, dass ich ein ganzes Stück weiterpaddele, als ich mir eigentlich vorgenommen hatte, und wieder erst im Dunkeln esse. Aber das Durchackern hat sich gelohnt. Wenn ich genau hinsehe, kann ich schon die Lichter der Schleuse Eibach erkennen, dahinter liegt der Nürnberger Hafen. Nürnberg – so hoffe ich – bedeutet Landgang, Lebensmittel auffüllen, Kaffeetrinken und wenigstens für ein paar Stunden runter vom Kanal.

Als am nächsten Morgen die Sonne aufgeht, hole ich sogar meinen kleinen batteriebetriebenen Trockenrasierer raus, um mich stadtfein zu machen. Kurz glaube ich, er würde nicht in dieses Setting passen, nicht Teil meines Abenteuers sein dürfen. Aber warum eigentlich nicht? Wen kümmert das denn? Bin ich nicht längst über den Punkt hinaus, diese Reise an einer Betrachtung jenseits meiner eigenen zu messen?

Nach flüchtigem Bartstutzen paddle ich mit wenigen Schlägen in die Mitte des Kanals, wo das Wasser am saubersten aussieht, und nutze mein Board als Ponton fürs Haarewaschen und ein kurzes Untertauchen. So mühsam die letzten beiden Tage waren, so wach fühle ich mich jetzt, morgens um kurz nach 6 Uhr, an diesem Ort, an dem ich zufällig genau richtig bin, in Erwartung dessen, was vor mir liegt.

Power
of Nature

Um es kurz zu machen: Nürnberg ist ein netter Zwischenstopp, aber für mich nach dem langen einsamen Ritt durch die Prärie bei genauer Betrachtung doch zu voll, zu laut, zu eng. Ich bin froh, als ich die Stadt wieder verlasse. Allerdings konnte ich beim Cappuccino am Henkerstieg, wo die Pegnitz durch die historische Altstadt fließt, einen neuen Plan schmieden: Ich werde nicht, wie beabsichtigt, zum Kanal zurückkehren, sondern zu Fuß der Pegnitz folgen, bis sie sich in Fürth mit der Rednitz vereinigt und paddelbar ist.

Da ich die Wasserscheide an diesem Punkt schon überquert habe, gibt es nun wieder Flüsse, die nach Norden fließen. Pegnitz und Rednitz tun das – und heißen ab der Stelle, an der sie zusammenfließen, übrigens Regnitz, was die Namensgebung betreffend ein ziemlich fairer Kompromiss ist. Die Regnitz läuft mehr oder weniger in Kanalrichtung und mündet – genau wie der Kanal – in Bamberg in den Main. Natürlich ist die Strecke auf ihr länger, weil sie nicht schnurgerade fließt, aber sie fließt!

Als ich mein Gespann auf den Uferweg der Pegnitz ziehe, sieht die Welt schon wieder viel entspannter aus als in der Nürnberger City. Ich laufe durch Grünflächen und Parks, vorbei an Biergärten, Spielplätzen und Basketballfeldern. Genau wie in München bin ich wieder zum Wochenende in der großen Stadt. Es ist Samstagnachmittag, feinstes Sommerwetter treibt die Leute nach draußen, und überall wird gequatscht, gegrillt und abgehangen. Unter einer großen Brücke feiern Jugendliche mit dröhnenden Boomboxen, nur ein paar Meter weiter bauen drei Frauen Tische mit afrikanischen Spezialitäten auf.

Auf halben Weg nach Fürth liegt in einer engen Pegnitzkurve eine Baustelle. »Nürnbergs Dauerwelle« heißt es auf dem Schild am Absperrzaun – offenbar wird es hier bald die Möglichkeit geben, eine stehende Welle zu surfen.

Am Rande des Fürther Stadtparks gönne ich mir in einem Restaurant einen großen Salat, bevor ich über historisches

Kopfsteinpflaster zur Mündung der Pegnitz in die Rednitz holpere und mein Board einsetze. Was für ein Gefühl, wieder mit der Strömung zu paddeln! Ich habe überhaupt nicht mehr damit gerechnet, diesen Tag noch so zu beenden. Ich gleite über kleine Sohlstufen, vorbei an hölzernen Mühlrädern, die schon Jahrzehnte nicht mehr in Betrieb sind, hinein in einen friedlichen Abend, an dem der Nürnberger Trubel schon wieder weit weg ist.

Hinter einer der zahlreichen Flussbiegungen entdecke ich ein verwahrlostes Privatgrundstück. Ich mache mein Board fest und sehe mich um. Da ist nur ein alter Holzschuppen mit einer Veranda, auf der ein Plastiktisch mit vier Stühlen steht, aber es deutet alles darauf hin, dass hier lange keiner mehr war. Als ich durch die Pforte gehen und mich in der näheren Umgebung umgucken will, ob ich jemanden finde, stelle ich fest, dass das Grundstück mit einem schweren Schloss verriegelt ist. Der Zaun ist zu hoch und zu instabil, um einfach drüberzuklettern, und so wäge ich ab, ob ich nicht ohne offizielle Erlaubnis des Besitzers meine Hängematte direkt am Wasser an dem riesigen, tief hängenden Ast der Eiche aufhänge.

Es ist schon recht spät, hier wird niemand mehr auftauchen. Das Grundstück ist nicht einsehbar, ich werde niemanden stören, keine Spuren hinterlassen und frühmorgens wieder weg sein. Kurz: Ich bleibe. Eine bessere Stelle werde ich um diese Zeit nicht mehr finden. Sollte wider Erwarten doch jemand aufkreuzen, bin ich bereit, mich zu erklären. Aber natürlich kommt es dazu nicht. Wenn ich sonst für eine oder zwei Nächte mit meiner Hängematte losziehe, gehen mir in ähnlichen Situationen oft lange alle denkbaren Eventualitäten durch den Kopf, aber dies hier ist die dreizehnte Draußennacht am Stück – nachdem ich meine Lage einmal bewertet habe, bin ich fein damit und schlafe unbesorgt ein.

In der Sekunde, in der ich meine Augen wieder öffne, bin ich sofort hellwach. Auf der Regnitz wabern Nebelschwaden, und das magische Licht der Morgendämmerung verleiht schon dem kleinen Ausschnitt, den ich aus der Hängematte heraus sehe, eine unwiderstehliche Anziehungskraft. Ich will nichts anderes als so schnell wie möglich aufs Wasser. In Rekordzeit packe ich zusammen und verliere mich in den Biegungen des Flusses. Nach und nach wird es heller, die ersten Sonnenstrahlen brechen sich im Nebel. Mein Board taucht unter ausladenden Weidenzweigen hindurch und findet wie von selbst seinen Weg. Graureiher steigen mit kraftvollen Schlägen von den Bäumen auf. Wenige Meter vor mir schießt ein Eisvogel durch den Nebel, der sich kaum merklich immer weiter auflöst. Am liebsten würde ich einen Schrei ausstoßen vor Freude darüber, Teil dieser Aufführung zu sein, aber ich will das Fluidum nicht zerstören und belasse es bei stiller Dankbarkeit.

Nach einer Stunde schiebt sich am rechten Pegnitzufer die Vacher Mühle in mein Blickfeld, ein riesiger, weit über hundert Jahre alter gelb getünchter Bau, auf dessen Höhe ein Wehr die Weiterfahrt unmöglich macht. Ich habe Mühe, das Board aus dem Wasser zu bekommen, weil die einzige Stelle, an der das möglich ist, eine ziemlich hohe Uferkante hat. Über eine Wiese laufe ich um den Mühlenkomplex herum und setze mich an den Rand einer alten Brücke, deren gemauerte Bögen mich an die Provence erinnern. Immer noch ist es erst 7 Uhr. Zeit für einen Riegel und eine Banane.

Der Ort ist noch im Tiefschlaf. Wer sollte sonntags auch so früh unterwegs sein? Ich werfe gerade einen Blick in die Wasserwander-App auf meinem Handy, um in Erfahrung zu bringen, wie viele Wehre mich auf dem kommenden Flussabschnitt erwarten, als ich durch die Stille eine aufgebrachte heisere Stimme höre: »Ja, Bulle. Ist gut, Bulle. Ich krieg den schon so weit, Bulle.« Etwa 100 Meter entfernt, am anderen Ende der Brücke, schimpft ein düster wirkender Typ in sein Telefon. Mir ist sofort suspekt, dass sich jemand an einem verträumten Sonntagmorgen so aufführt, und ich überfliege reflexartig, was ich so an Wertsachen dabeihabe: das teure Telefon, eine Kompaktkamera, eine Actioncam, meinen Laptop und rund 100 Euro Bargeld. Das wäre eine unverhofft gute Beute am frühen Morgen. Ich sehe, dass der Typ sich in meine Richtung bewegt und noch aufgeregter krakeelt. Seine Stimme setzt zwischendurch aus, das Einzige, was ich deutlich wahrnehme, ist immer wieder »Bulle«. Ich kann mir nicht helfen, aber wer einen solchen Spitznamen trägt, wird sicher kein Meditationslehrer sein. Und jemand, der mit »Bulle« morgens um 7 Uhr so aufgeheizt – und meiner Meinung nach auch gut alkoholisiert – irgendwelche Dinge zu klären hat, der hat sicher was anderes vor, als seinen Vornamen zu tanzen. Ohne großes Trara, aber doch zügig packe ich mein Handy ein, schnappe mir das Board und biege damit auf den schmalen Pfad ein, der nur wenige Meter entfernt am Pegnitzufer entlang flussabwärts führt. Irgendwo werde ich schon wieder aufs Wasser kommen, Hauptsache erst mal weg von der Straße und aus dem Sichtfeld dieses unheimlichen Vogels.

Zu spät, denn auch er beschleunigt seinen Schritt. Ich will mich nicht zu offensichtlich umdrehen, erkenne aber, dass er das Gespräch mit »Bulle« beendet hat und ebenfalls auf den Trampelpfad einbiegt. Ich spüre, wie er immer näher kommt. Da vorne ist eine Stelle, an der es mit dem Einsetzen klappen könnte! Aber ich schaffe es nicht mehr rechtzeitig.

Jetzt hilft nur noch Offensive. Lässiger als ich es in diesem Moment bin, lege ich das Board ab und mache einen Schritt nach vorne. Mein Verfolger sieht aus, als hätte er die Nacht durchgesoffen, und riecht auch so. Sein schwarzer Pulli, dessen Kapuze er über den Kopf gezogen hat, ist mit einem weißen Skelettprint versehen, die Jeans an einem Knie aufgerissen, und auf seinen Fingerknöcheln trägt er Buchstabentattoos, die ich aber nicht entziffern kann.

»Guten Morgen«, sage ich freundlich, ohne mir meine Nervosität anmerken zu lassen, »früh unterwegs, was?« »Ja, lange Geschichte. Aber ey, ich hab tausend Fragen. Was is 'n das für 'n Teil? Und wo willst du damit hin? Du hast ja 'n Tempo drauf, als wärst du auf der Flucht.« Ich bin nur einen kurzen Moment verwirrt, dann merke ich: Der meint es ehrlich und ist einfach nur interessiert an meiner Geschichte. Ich erzähle sie ihm in aller Ruhe. Natürlich will ich auch wissen, was ihn umtreibt, aber ich kann seinen Ausführungen kaum folgen. Er scheint Probleme mit seiner Freundin oder Ex-Freundin zu haben und kurz davorzustehen, seinen Job im Lager einer Fabrik für Tiefkühlbackwaren zu verlieren.

Nachdem ich ihm erklärt habe, wie das mit dem Einsetzen des Boards funktioniert, will er mir unbedingt dabei helfen. Ich bin ganz froh darüber, denn zum Wasser geht es recht steil hinunter über einige große Steine. Als ich schließlich mit der Strömung fortgleite, winken wir uns zu, und er macht sich auf den Weg zurück in Richtung Straße.

Unsere Begegnung beschäftigt mich noch viele Kilometer. Ich bin vor allem eins: beschämt. Wie oberflächlich, arrogant und voller Vorurteile muss ich sein, um überhaupt das Gefühl gehabt zu haben, dass mir in dieser Situation Unheil droht, dass ich einem Menschen, der mir nicht im Ansatz Böses will, aus dem Weg gehe? Ich nehme mir vor, aus dieser Lektion zu lernen. In der Entfernung höre ich eine Kuh muhen, und mir fällt ein, dass ich vergessen habe, etwas Wichtiges zu fragen – wer »Bulle« ist. Vielleicht ja doch Meditationslehrer.

08

GESEGNETE OSTPASSAGE

Auf der Regnitz nach Bamberg und über Land gen Thüringen

So schön die Regnitz ist, die Wehre und das damit verbundene Umtragen machen mich fertig. Dass jemand diesen Fluss runterpaddelt, kommt entweder nicht vor – was ich mir erstens nicht vorstellen kann und zweitens eine Sünde wäre –, oder es kümmert keinen, wie man sein Kanu, Kajak oder Board um die Hindernisse herumträgt, die hier irgendwann einmal in die Natur hineingeballert wurden. Wenn es überhaupt Stellen zum Ein- und Aussetzen gibt, muss man sein Gefährt meist ein gutes Stück tragen, oft sogar seitlich aus dem Wasser heben, was alleine ziemlich mühsam ist. Es kommt aber auch vor, dass ich gar keinen erkennbaren Weg finde und mich der Nase nach die Böschung hochkämpfen muss.

Einmal stehe ich mit zerkratzten Beinen auf einer wilden

Uferwiese vor einem riesigen Maschendrahtzaun und frage mich, wie ich weiterkommen soll. In dem Zaun ist ein Loch, durch das ich mich zwar zwängen kann, aber das ganze Gerödel samt Bootswagen ist zu sperrig. Also versuche ich zu Fuß zu den Häusern hinter dem Zaun durchzukommen und nach einem Weg zu fragen. Aber die Frau, die ich aus ihrem Keller klingele, hat auch keine Lösung. Hinter der Wiese, ein ganzes Stück in die andere Richtung, könne ein ausgetretener Pfad sein, der zu einem Feldweg führe. Wenn ich dem folgte, würde ich wahrscheinlich in den nächsten Ort kommen. Aber sicher sei sie sich nicht. Es bleibt mir nichts anderes übrig, als es zu versuchen. Die Sonne brennt inzwischen gnadenlos, und auf der unebenen Wiese kippt mir mehrfach der Wagen um. Aber die Dame aus dem Keller behält recht, tatsächlich gelange ich nach einer kurzen Wald- und Wiesenodyssee in einen kleinen Ort. Das Erste, auf was ich dort stoße, ist der Parkplatz eines Supermarkts. Von der langen Seite des Gebäudes fällt ein wenig Schatten. Ich leere meine Wasserflaschen bis auf den letzten Tropfen, lege mich rücklings auf den Asphalt und strecke alle viere von mir – nennen wir es Mittagspause.

Ich weiß nicht, wie lange ich gedöst habe, jedenfalls setze ich mich wieder auf, als jemand von innen die graue Tür des Seiteneingangs öffnet. Eine Mitarbeiterin des Supermarkts braucht frische Luft. Natürlich ist sie überrascht, quasi direkt in einen durchgerockten Wandersmann mit schwerem Gepäck zu stolpern. (Und wer weiß, möglicherweise ist sie für einen kurzen Moment ähnlich beunruhigt wie ich bei der Begegnung heute Morgen.) Aber ein Lächeln und ein wohlwollender Spruch mit einer Portion Selbstironie genügen, um die Situation zu entkrampfen.

Ob ich Wasser brauche, fragt sie, noch ehe ich sie darum bitten kann. Ein paar Minuten später mache ich mich mit aufgefüllten Flaschen wieder auf den Weg. Ihr zufolge verläuft nur

400 Meter entfernt der Kanal, und keine 10 Kilometer weiter fließt die Regnitz sowieso mit ihm zusammen. Also wechsle ich kurzerhand den Wasserweg und paddle den Nachmittag auf gerader Strecke ohne große Unwägbarkeiten.

Ich suche mir einen Schlafplatz am Rande eines Kiefernwaldes und marschiere am Morgen darauf zurück an die Regnitz, die jetzt wieder ihren eigenen, ursprünglichen Lauf nimmt. Das letzte Stück nach Bamberg will ich auf dem Fluss paddeln.

Am späten Vormittag komme ich an im fränkischen Rom, wie Kaiser Heinrich II. Bamberg einst nannte. Er sah die Stadt als Gegenstück zur Hauptstadt des römischen Reiches, nicht nur weil beide auf sieben Hügeln erbaut wurden. Der Fluss führt mich bis in die Altstadt.

Kurz vor einem nicht passierbaren Wehr, hinter dem der Fluss deutlich abfällt und sich erst erneut mit dem Kanal, dann mit dem Main vereint, mache ich mein Board an einer beschaulichen Kaimauer fest. Obwohl ich mitten in Bamberg bin, ist dieser Ort herrlich entspannt. Oder bin ich es einfach nur? Ich weiß, dass ich hier umsatteln und die nächsten Tage zu Fuß unterwegs sein werde. Und ich habe Zeit. Zeit, erst einmal nichts zu tun, als dazusitzen. Zeit, in aller Ruhe mein Frühstück zuzubereiten, das ich morgens habe ausfallen lassen. Zeit, mich mit der Mutter zu unterhalten, die mit ihren beiden kleinen Kindern aus einem der alten Häuser kommt, die heute viel zu eng und niedrig erscheinen. Pfannkuchen wollen sie machen und eben noch ein paar Zutaten dafür kaufen, aber sie kommen nicht los, weil die Kinder zu gebannt sind von meinem Board, der ganzen Ausrüstung und der Tatsache, dass ich direkt vor ihrer Haustür raste. Als sie es irgendwann doch schaffen, spricht mich ein älterer Herr an. Er erzählt, dass er sich nach und nach ganz Deutschland ansehe, seit er im Ruhestand ist. Und Bamberg sei ein ganz besonderer Höhepunkt für ihn. »Du kannst nur wissen, wohin du willst, wenn du weißt, woher du kommst«, sagt er und verweist darauf, welch wichtige Kapitel der deutschen Geschichte hier geschrieben wurden. Ich packe diesen Satz mit in den Rucksack, um zu überprüfen, wie viel Wahrheit er für mich birgt.

In Bamberg bin ich zum ersten Mal, und als ich das zusammengepackte Board durch die Altstadt ziehe, bin ich angetan von der Lebendigkeit, die durch die historischen Gassen flirrt. Jeder sechste der 78.000 Einwohner studiert, und das spürt man sofort. Ich mache einige Besorgungen – unter anderem brauche ich eine Salbe und wasserdichte Pflaster für die schon vor einer guten Woche aufgescheuerte rechte Hacke. Dann folge ich einer der Straßen, die nordöstlich aus der Stadt hinausführen. Mein nächstes Etappenziel ist der Oberlauf der Saale im thüringischen Schiefergebirge, etwa 120 Kilometer entfernt.

An insgesamt vier Tagen durchquere ich die nördliche Frankenjura, passiere verpennte Ortschaften und erkenne von buckligen Landstraßen aus deutliche Wunden in den bewaldeten Hängen. Bis zu diesem Zeitpunkt hat die Natur auf mich einen recht intakten Eindruck gemacht – sicher auch, weil es im Gegensatz zu den vergangenen Jahren viel geregnet hat –, aber hier im Mittelgebirge ist unverkennbar, dass es dem Wald nicht gut geht. Der Borkenkäfer ist nur eine Bedrohung, der die Fichtenmonokulturen nicht gewachsen sind. Ich komme an Hängen vorbei, in denen schwere Forstmaschinen schonungslos Tabula rasa machen und zu deren Füßen ganze Straßen für den Abtransport der Bäume gesperrt sind. Aber Urwald ist das hier ohnehin schon lange nicht mehr. Vor gut hundert Jahren soll der Frankenwald (wie die meisten Wälder in den deutschen Mittelgebirgen) komplett abgeholzt gewesen sein, ehe man ihn wenig nachhaltig wieder aufforstete.

Ob wir je wieder dahinkommen, den Profit, den wir zu Lebzeiten erreichen können, hintanzustellen und generationenübergreifend zu denken, überhaupt das Ausschlachten der

Natur durch ein Streben nach Verbindung mit ihr zu ersetzen? Wenn mir Fragen wie diese durch den Kopf gehen, spüre ich ein diffuses, von Schuldgefühlen durchzogenes Unbehagen, weil ich keine zufriedenstellende Antwort auf sie geben kann. Aber ich habe das Gefühl, dass es wichtig ist, diese Unzufriedenheit zuzulassen, um aus ihr heraus etwas zu entwickeln, was Hoffnung macht.

Was mir eher Sorge als Hoffnung bereitet, ist die Stelle an meiner Hacke. Die Salbe tut zwar gut, aber unterhalb des Bereichs, an dem die Haut sich abzulösen beginnt, bilden die verbliebenen Schwielen ein dicke, harte Kante, und die drückt bei jedem Schritt schmerzhaft in die noch nicht wieder geschlossene Wunde. Am schlimmsten sind die ersten Meter nach einer Pause, danach groove ich mich irgendwann halbwegs ein.

Ich laufe bergauf und bergab, je näher ich der Saale komme, aber vor allem bergauf. Etwas oberhalb eines eiskalten Baches, in dem ich mir morgens die Haare wasche, erspähe ich einen mit Feldsteinen eingefassten Trinkbrunnen. »Heilwasser« sprudelt hier laut Informationsschild seit dreihundert Jahren. Es schmeckt etwas muffig, erfrischt aber und enthält sogar Kohlensäure. Gegenüber stehen zwei völlig verfallene Häuser. In dem einen scheint mal eine Ausflugsgaststätte gewesen zu sein.

Die Region, in die ich mich hineinbewege, ist wohl das, was man gerne als vergessene Ecke bezeichnet – keine Großstadt in Reichweite, innerdeutsche Randlange, im Osten durch die Grenze zu Tschechien beschnitten, strukturschwach. Die zwei jungen Männer, die in Oberrodach gerade mit einer Freundin aus einem Supermarkt kommen, studieren seit einem Jahr in Lübeck und Frankfurt. Jetzt sind sie auf Heimatbesuch, die Freundin wird auch abhauen, sobald sie mit der Schule fertig ist. Sie hätten mich schon am Vormittag in Kronach gesehen und wollen wissen, was ich in dieser langweiligen Gegend verloren habe. Als ich es ihnen erkläre, verstehen sie: »Verdammt, warum machen wir so was nicht?« Dann packen sie die Bierflaschen, die sie gekauft haben, in einen Rucksack und schaffen es irgendwie, zu dritt auf einem BMX-Rad in den Abend zu eiern.

Ich habe einige Begegnungen zwischen Bamberg und der Saale, die mir vor Augen führen, wie wertvoll es sein kann, sich vorurteilsfrei für andere Menschen zu interessieren. Da ist der Rentner mit Westernhemd, Cowboyhut und langen grauen Haaren, der in einem Cabrio an mir vorbeifährt und dann hinter der nächsten Kurve wartet, um mir von den Abenteuern zu erzählen, die er erlebt hat, aber auch von denen, die er verpasst hat. Er beschreibt mir, wie die Reifen seines Motorrads nur auf der einen Seite komplett abgenutzt waren, weil der Wind so heftig aus der immer gleichen Richtung blies, als er durch Patagonien bis nach Ushuaia fuhr. Dort habe ihn ein Mechaniker gefragt, wo das Problem sei, auf dem Rückweg komme der Wind ja von der anderen Seite, darauf könne er sich verlassen. Mit einem Freund sei er vom Main über den Kanal in die Donau und bis ins Schwarze Meer gesegelt. Aus dem Traum von der Weltumsegelung sei nichts geworden, weil besagter Freund mit dieser Reise bis zum Ruhestand warten wollte. Er wurde schwer krank und starb noch vor der Rente.

Ein Kerl, den ich um Trinkwasser bitte, nimmt mich mit in seinen muffig riechenden Keller und drückt mir zwei Konservendosen mit selbst gemachter Jagdwurst in die Hand. Gleich in der nächsten Kleinstadt gebe ich sie weiter an einen verwahrlosten Jogginghosenträger, der mit sich selbst redet.

Auf einem Wanderweg sehe ich schon aus der Ferne eine Frau, die einen Rucksack über einem dunklen Gewand trägt. Neben ihr geht ein hagerer Mann. Als die beiden näher kommen, erkenne ich, dass es sich um eine Nonne handelt. Wahrscheinlich lebt sie in der Benediktinerinnenabtei in Kirchschletten, etwa 10 Kilometer entfernt, aber darüber sprechen wir gar nicht. Ich frage, was die beiden vorhaben an diesem schönen Tag, und sie deutet an, dass sie eine Art Seelsorgewanderung unternehmen. Ich berichte von meiner Reise, woraufhin sie mich fragt, ob sie mich segnen dürfe. Sie legt mir die rechte Hand auf den vorderen Teil des Kopfes und zeichnet mit dem Daumen ein Kreuz auf meine Stirn: »Mögest du von Unheil verschont bleiben und finden, was du suchst.«

In meiner Kindheit war der christliche Glaube sehr präsent, aber er lag auch wie eine schwere Glocke über der Familie, weil es immer nur die eine unantastbare Meinung zu geben schien. Seither verstehe ich Religionen recht leidenschaftslos als Wertekonstrukte, die Menschen Hoffnung, Urvertrauen und das Gefühl der Zugehörigkeit geben. Ich glaube nicht an Gott, schon gar nicht an diesen einen, der zufällig so viel besser ist als alle anderen. Trotzdem nehme ich den Segen gerne an. Er schafft einen intimen Moment, eine Verbindung, die – so kommt es mir zumindest vor – Energie von einem Menschen auf den anderen überträgt.

Mit wessen Segen auch immer lande ich schließlich in der Hölle. Das ist weder gewitztes Wortspiel noch Zynismus, sondern wirklich wahr. Kurz vor der Saale laufe ich durch ein Dorf, das genau so heißt: Hölle. Auf dem Ortsschild sitzen sogar zwei Teufelshörner. Der große britische Staatsmann Winston Churchill hat mal einen wunderbaren Satz formuliert: »If you are going through hell, keep going.« »Wenn du durch die Hölle gehst, geh weiter.« Genau so mache ich es – durch das Höllental entlang der Selbitz bis nach Blankenstein an der Saale.

Dort beginnt der Rennsteig, der als Weitwanderweg über 170 Kilometer auf dem Kamm des thüringischen Mittelgebirges bis nach Eisenach führt. Kein deutscher Weitwanderweg hat eine längere Geschichte, keiner wird öfter begangen. Ich allerdings freue mich wie Bolle aufs Wasser.

Am neunzehnten Tag meiner Reise verlasse ich bei Blankenstein das Bundesland Bayern und überschreite die Grenze zu

Hölle
Stadt Naila
Kreis Hof
Friedrich

Thüringen, die lange auch die Demarkationslinie zwischen DDR und BRD war. Mehr noch: Hier befand sich jahrzehntelang der Eiserne Vorhang, der die westliche vom Rest der Welt trennte. Vielleicht waren die Menschen, denen ich in dieser Region bislang begegnet bin, auch deshalb so interessiert und zugewandt, weil sie in jemandem, der es wagt, Grenzen zu überwinden – und seien es nur die ganz persönlichen –, ein Stück weit die eigene Sehnsucht erfüllt sehen. Vermutlich gilt aber auch grundsätzlich und über alle Regionen hinweg, dass Reisende uns oft den Spiegel vorhalten, in dem wir unsere Träume erkennen.

09

KASKADEN AUS BETON UND DIE ANKUNFT IM HIER

Der Saale nach von Blankenstein bis Saalfeld

Die Saale ist ein besonderes Etappenziel für mich, denn ihr Wasser fließt über die Elbe bis in die Nordsee. Theoretisch müsste ich also gar nicht mehr laufen, sondern könnte bis Sylt durchpaddeln. Theoretisch. Praktisch stauen riesige Talsperren den Fluss in seinem Oberlauf erst einmal über eine Länge von 80 Kilometern auf. Saalekaskade wird dieser Abschnitt auch genannt. Gebaut wurden die Talsperren zur Zeit des Dritten Reichs, um der Elbe jederzeit genügend Wasser zuführen zu können und den Schiffsverkehr dort auch bei niedrigem Eigenpegel zu gewährleisten. Mittlerweile dienen die Staustufen vor allem der Energiegewinnung, dem Hochwasserschutz und der Naherholung.

Bei allem Missmut, den man über die Eingriffe des Menschen in den natürlichen Lauf der Dinge hegen darf, hat das Aufstauen der Saale hier eine einzigartige Landschaft entstehen lassen. Mitten im thüringischen Schiefergebirge sieht es aus wie in Kanada oder Norwegen. Nachdem ich mein Board wieder aufgepumpt habe, paddle ich auf einem einzigen, ewig in die Länge gezogenen Stausee, der sich fjordartig in wilden Schleifen zwischen dicht bewaldeten Hängen hindurchzieht. Fließen tut tatsächlich nichts, aber das ist mir völlig egal. Ich bin schwer euphorisiert vom Bühnenbild dieses neuen Aktes: Um mich herum ist nur gewaltige Natur. Für Straßen oder Eisenbahnlinien ist in den engen Tälern kein Platz, weil ja alles voll Wasser steht. Nur selten werden die Hänge seichter und geben Lichtungen frei, auf denen die Autos derer stehen, die auf holprigen Waldwegen zum Grillen oder Schwimmen ans Wasser kommen. Vor allem auf den geraderen Abschnitten pfeift ein frischer Wind durch die Schlucht, der manchmal von hinten und öfter von vorne kommt. Um mich ihm etwas zu entziehen, muss ich am windabgewandten Ufer paddeln. Ich weiß nicht, warum, aber ich habe das Gefühl, dass die kommenden Tage auf der Saale – die letzten, bevor ich meine Reise unterbreche und für eine Woche nach Hause fahre – richtungsweisend werden, dass sich hier entscheidet, wie tief ich wirklich reingehe in dieses Abenteuer.

Ich beginne schon früh, nach geeigneten Bäumen für meine Hängematte Ausschau zu halten. Nein, eigentlich ist es anders – ich checke mittlerweile ganz intuitiv jede Ansammlung von Bäumen zu jeder Tageszeit und ohne dass ich darüber überhaupt nachdenke auf Abstände, die Dicke der einzelnen Stämme und Erreichbarkeit. Aber wie jeden Tag gilt es auch heute wieder die schwierige Frage zu beantworten: Ist dieser Platz schon der richtige, oder kommt noch ein besserer? Schließlich will ich nicht zurückpaddeln.

Ein Großteil der Uferlinie verläuft direkt an felsigen Hängen, was den Ausstieg erschwert. Aber kurz vor der Bleilochtalsperre finde ich eine sanft abfallende, von dichtem Wald eingeschlossene, nur zum Wasser hin offene Stelle, die sich perfekt zum Übernachten eignet. Dieser Meinung waren wohl schon andere, denn ich entdecke direkt eine kleine Feuerstelle, in der noch verkohlte Äste liegen. So romantisch es wäre, jetzt ein Lagerfeuer zu entzünden – ich bin nicht bescheuert. Wir haben Mitte August, es hat tagelang nicht richtig geregnet, und hier stehen überall Bäume eng an eng. Da reichen ein paar Funken, die der Wind ungünstig erwischt. Außerdem will ich kein Signal in Richtung der schmalen Straße senden, die über die Sperrmauer führt.

Die Sonne verschwindet gerade hinter den Bäumen, als ich noch einmal ohne Board ins Wasser gleite und untertauche. Immer wenn ich das tue, überkommt mich für einen Moment dieses Gefühl des puren Seins. Alles in mir und um mich herum wird still und leicht. Das kalte Wasser – und kalt ist es im ersten Moment ja immer, selbst im Hochsommer – vermag es, mich zur selben Zeit zu elektrisieren und zu erden. Wie im Winter in der Badewanne in meinem Garten, mit dem Unterschied, dass ich hier deutlich mehr Platz habe und noch lange nach dem Auftauchen klar, da, eins mit meiner Umgebung bleibe.

Während ich etwas später mein Abendessen löffle, denke ich an Anja und die Kinder. Diese Reise anzutreten war schon deshalb eine grandiose Idee, weil ich in der Abwesenheit meiner Familie so intensiv spüre, was sie mir bedeutet. In den zurückliegenden Tagen flackerte aber auch das Bedürfnis in mir auf, genau das öfter und klarer zu formulieren. Ich bin für Anja und die Kinder da, ja, weil ich mir meine Arbeit selbst einteilen kann, sogar vergleichsweise häufig. Ich bin auch kein emotionaler Krüppel. Aber ich sage ihnen viel zu selten, wie sehr ich sie liebe. Und

INDIANA SUP 14'0

das hat nicht nur damit zu tun, dass so etwas im Alltag eben schnell untergeht, nein, ich tue mich einfach schwer damit, meine Emotionen auf persönlicher Ebene anderen Menschen gegenüber auszusprechen. Beschissenes Erbe väterlicherseits.

Ich greife zum Handy und rufe zu Hause an. Dort fragen sie sich wahrscheinlich, was mit mir heute los ist, denn ohne großes Vorgeplänkel werde ich ziemlich pathetisch: »Wisst ihr, jetzt wo ich schon so lange alleine unterwegs bin, hab ich noch mal ganz besonders gemerkt, wie viel ihr mir bedeutet«, wobei mir der Kloß im Hals fast die Stimme abdrückt, »und das wird auch immer so sein, egal was ihr macht und wie ihr es macht. Dafür müsst ihr keine Einsen schreiben oder die Besten beim Fußball sein.« Es tut gut, das zu sagen, und es wirkt genauso befreiend, als ich Anja noch einmal meine Gefühle beschreibe – die Kinder sind da schon wieder weg vom Telefon, um weiter ihr Hörspiel zu hören.

Plötzlich habe ich einen Gedanken, der sich fast wie eine Eingebung anfühlt: Was, wenn Anja und die Kinder selbst etwas von der Magie dieser Reise erleben würden? Was, wenn ich nicht in drei Tagen nach Hause führe, sondern die drei herkämen? Wären sie nicht noch viel näher dran an mir und ich an ihnen, als das zu Hause möglich ist? Wenn ich ehrlich bin, und das bin ich heute zu 100 Prozent, kommt dazu mein Schiss, die Dynamik dieser Reise zu zerstören, sollte ich jetzt einen zu harten Schnitt machen. Auch diesen Gedanken zu formulieren, fällt mir nicht leicht, aber es gelingt mir.

Ich bin heilfroh, dass ich mit meiner Idee nicht gegen eine Wand donnere. Anja nimmt sie auf, und wir beschließen, nicht dieses, aber das nächste Wochenende gemeinsam irgendwo bei Halle an der Saale zu verbringen, rund 240 Kilometer flussabwärts. Als ich später in der Hängematte liege und in den Sternenhimmel blicke, kommt mir ein Spruch in den Sinn, den ein Freund mal aus einem Glückskeks zog: »Glück ist vollkommen.«

Es gibt keine noch bessere oder höhere Version, Glück ist Glück. Es lässt sich wohl nur in Momenten wie diesem erkennen, wie viel Wahrheit darin steckt.

Als die Sonne wiederkehrt, paddle ich im frühen Morgennebel rüber zur Talsperre und muss dann runter vom Wasser. Auf dem vor mir liegenden Abschnitt des Flusses herrscht ein Befahrungsverbot, also weiche ich auf den Radweg aus, der die Saale entlangführt.

Vier Stunden laufe ich mit Board und Gepäck durch dichte Wälder und bin erstaunt, wie viele Anstiege es auf dieser Landroute gibt. Auf einer maroden Holzbank am Wegesrand sitzt ein Mann, der sicher schon achtzig Jahre alt ist. Er komme fast jeden Tag mit dem Fahrrad aus einem der nahe gelegenen Orte her, um die Ruhe zu genießen, erklärt er mir. Wer was haben will von seinem Leben im Alter, der müsse in Bewegung bleiben. Vor Kurzem habe er hier einen Schwarzstorch gesehen, und wenn ich Hunger hätte, solle ich im Restaurant ein paar Hundert Meter weiter unbedingt das Pferdegulasch probieren.

Ich bin erst unsicher, ob er etwas durcheinandergebracht oder ich ihn falsch verstanden habe, aber nichts von beidem ist der Fall – auf der Karte des Gasthofs, den ich wenig später erreiche, werden die Pferdefleischgerichte tatsächlich als Spezialitäten angepriesen. Ich käme nicht auf die Idee, mir eins zu bestellen, aber dass damit hier so selbstverständlich umgegangen wird, stimmt mich fast nostalgisch, denn wo in Deutschland kommt man als Gastrobetrieb mit einem solchen Angebot überhaupt noch ohne Shitstorm davon? Vermutlich bin ich im thüringischen Schiefergebirge so weit von den hippen Großstadtblasen entfernt, wie ich es nur sein kann.

In Ziegenrück wechsle ich wieder aufs Wasser. Keine Ahnung, ob es an der besseren Erreichbarkeit dieses Abschnitts liegt oder einfach daran, dass Samstag ist, jedenfalls sehe ich deutlich mehr Menschen am Ufer und sogar einige mit Angelbooten oder Kanus auf dem Fluss, der hier immer noch Stausee ist. Vereinzelt tauchen terrassenartig angelegte Campingplätze auf, und bei Linkenmühle tuckert eine kleine Autofähre von einer Uferseite zur anderen.

Mir scheint es, als würde die Natur hier viel unaufgeregter für Freizeitzwecke genutzt als etwa in Bayern. Immer wieder entdecke ich in den bewaldeten Hängen selbst gebaute Shelter aus Baumstämmen und Ästen, vor denen Typen Holz hacken für das Feuer, das schon mittags munter lodert. Von der Landseite aus sind diese Bushcraft-Refugien gut versteckt, zur Wasserseite sind sie genauso ungeschützt wie die Anglercamps mit ihren Zelten, Stühlen und mobilen Räucheröfen. Wahrscheinlich wird mein freundliches Grüßen deshalb – wenn überhaupt – meist nur mit einer Art Brummen erwidert, weil ich mich an der verwundbaren Flanke vorbeischiebe. Aber ich will ja nichts Böses. Ich komme nicht einmal auf die Idee, etwas Negatives in meiner Umgebung zu suchen, denn über allem liegt eine wunderbare Ruhe. Selbst als in der Abenddämmerung ein größeres Boot vorbeizieht, auf dem mit Lightshow und DJ eine Hochzeit gefeiert wird, sprengt das nicht die Harmonie, sondern fügt sich als skurrile Momentaufnahme in die Kulisse ein.

An der äußersten Spitze einer Landzunge verbringe ich die nächste Nacht und paddle am folgenden Morgen über das letzte große Staubecken bis zur Hohenwartetalsperre. Irgendwo tief unter mir befinden sich die Überreste des Dorfes Preßwitz, das im Jahr 1938 mit der Inbetriebnahme der Talsperre erst evakuiert und dann geflutet wurde.

Wieder verlasse ich an der Talsperre das Wasser und laufe eine gute Stunde, bis ich zurück auf die Saale darf. Die Straße, die ich entlangmarschiere, ist kurvenreich und hat weder Fuß- noch Radweg, was mit dem langen Board in Anbetracht von Auto- und Motorradfahrern in Sonntagslaune ein heikles Unterfangen ist, aber ich komme unversehrt in Kaulsdorf an. Hier liegt die Saalekaskade hinter mir, und jetzt endlich fließt das Wasser tatsächlich bis in die Nordsee.

Mein Board hat an der Unterseite eine Finne, damit es nicht ständig hin und her eiert, sondern besser die Fahrtrichtung beibehält, die ich mit meinen Paddelschlägen vorgebe. Ich habe zwei verschiedene Finnen dabei: eine längere, stabile und eine sogenannte Flussfinne, die deutlich kürzer und flexibel ist. Auf einem Fluss mit niedrigem Wasserstand kann es durchaus passieren, dass die Finne an einem Stein hängen bleibt. Mit der normalen längeren Finne ist diese Wahrscheinlichkeit natürlich größer, außerdem hakt sie sich unter Umständen so fest, dass sie beschädigt wird oder ich stürze. Die Flussfinne gleitet viel geschmeidiger über Stock und Stein hinweg. Auf der Saalekaskade bin ich mit der normalen Finne gepaddelt, weil sie den Geradeauslauf besser stabilisiert, jetzt montiere ich mit wenigen Handgriffen die Flussfinne, denn nach viel Wasser unterm Kiel sieht es mir hier nicht aus.

Die Entscheidung ist genau richtig. Immer wieder tauchen vor mir Passagen auf, die zu flach sind, um sie bedenkenlos zu durchfahren. Die Strömung ist dennoch so kräftig, dass ich innerhalb von Sekunden mögliche Hindernisse erkennen, das Wasser »lesen« und mich für die bestmögliche Route entscheiden muss. Das geht fast immer gut, zur Not knie ich mich weit vorne aufs Board, damit sich der Schwerpunkt nach vorn verlagert und die Finne nicht so tief im Wasser hängt. Ein paarmal muss ich aber auch absteigen und mein Vehikel – so behutsam, wie das in einer solchen Situation geht – über die Untiefen schieben.

Genauso häufig wie auf Flachwasserpassagen treffe ich auf Fliegenfischer, die mitten in der Saale stehen und mit fließenden, weit ausholenden Bewegungen ihre Angeln auswerfen. Ich versuche so unsichtbar wie möglich an ihnen vorbeizugleiten,

INDIANASUP 14'0

um nicht zu stören, merke jedoch schnell, dass das zwar ehrenwert, aber dumm ist. Das Rauschen des Wassers verschluckt meine Paddelgeräusche komplett, und wenn ich mich nicht bemerkbar mache, erschrecken die Angler sich zu Tode, sobald ich direkt neben ihnen auftauche, mal abgesehen davon, dass sie ihre Leinen mit den Angelhaken natürlich weiterhin unbekümmert durch die Gegend schwingen.

Ein sommerlicher Regenschauer bringt den Fluss zum Dampfen und läutet das vorläufige Ende der Schönwetterphase ein, die mich jetzt bestimmt zwei Wochen begleitet hat. Bei Saalfeld bricht ein heftiges Gewitter los, und ich rette mich unter eine Baumgruppe zwischen Ufer und einer parkartigen Fläche, die von Fuß- und Radwegen durchzogen ist. Das ist sicher nicht der optimale Schlafplatz, aber es wird bereits dunkel, und ich werde heute wohl kompromissbereiter sein müssen als sonst. Die einzige Möglichkeit, die Hängematte vernünftig zu befestigen, lässt sie direkt über der Uferkante schweben. Ich bekomme das Tarp kaum aufgespannt, weil ich die Leine auf der Wasserseite ja schließlich nicht verankern kann, schaffe es aber, sie mit einem der Heringe irgendwie im Ufermatsch zu fixieren. Als ich schließlich liege, stelle ich fest, dass das Tarp etwas zu hoch hängt für den Regen, der ziemlich schräg einfällt, aber das ist mir jetzt egal – auch wenn ich im selben Moment schon ahne, dass ich das bereuen werde.

Im Schein der Stirnlampe verarzte ich meine Ferse. Die Wanderabschnitte entlang der Staustufen haben dafür gesorgt, dass die harte Kante der Hornhaut die Wunde noch tiefer eingeschnitten hat. Ich versuche die Hornhaut mit dem Taschenmesser zu entfernen, ohne das blanke Gewebe darüber zu verletzten, säubere die Stelle dann, klebe ein Duschpflaster drauf, das nur hält, wenn ich es zusätzlich mit Tape abdichte.

Die Nacht wird die Hölle. Es schüttet ohne Unterbrechung, mein Schlafsack wird nass, während mein Fuß wie wild brennt und pocht. Über die nahe gelegene Brücke donnert ein Auto nach dem anderen. Als ich trotz allem einschlafe, höre ich auf einmal die grölenden Stimmen von Männern, die sich meinem Lager nähern. Wenig später steht jemand an meiner Hängematte, packt und schüttelt mich. Ich schrecke auf und stelle fest, dass ich – Gott sei Dank – nur geträumt habe. In dieser Nacht finde ich kaum Ruhe. Entsprechend gerädert bin ich am nächsten Morgen.

Es regnet zwar nicht mehr so stark, aber immer noch. Eigentlich wollte ich genau von hier, aus Saalfeld, mit der Bahn nach Hause fahren, um diese Reise zu unterbrechen. Wäre das vielleicht doch die bessere Wahl gewesen? Will ich etwas erzwingen, was gar nicht gesund ist?

Meine Ferse hat sich etwas beruhigt. Ich baue die Hängematte ab, sitze unter dem Tarp und beobachte, wie die Regentropfen auf die Wasseroberfläche des Flusses treffen, dessen Pegel über Nacht sichtbar gestiegen ist. Und nach und nach durchströmt mich eine tiefe Dankbarkeit, das tun zu können. Hier zu sitzen und dem Regen zuzusehen. Ihn richtig spüren zu dürfen, gleich, wenn ich wieder aufbreche. Seine Nässe, die Kälte, aber auch meine Müdigkeit. Ich werde nicht wachsen, wenn ich mich in den Zug setze und abhaue. Aber genauso wenig werde ich es tun, wenn ich gegen die Unannehmlichkeiten in den Kampf ziehe, um mich zum Helden aufzuschwingen, der allen Widrigkeiten trotzt. Im Gegenteil: Nur wenn ich diese Launen wirklich annehme, habe ich die Chance, etwas Außergewöhnliches zu erleben, das bleibt.

Scheiß auf die Mär vom Hardcore-Abenteurer, der loszieht, um gnadenlos die Grenzen dessen zu verschieben, was der menschliche Körper zu leisten imstande ist! Bei Licht betrachtet ist sie nicht mehr als die Fortführung der jämmerlichen Höher-schneller-weiter-Geschichte unseres Alltags. Ich habe mich einer Herausforderung gestellt, aber sie besteht nicht nur aus einer Anzahl von Kilometern, die es abzureißen gilt. Sie erfordert auch nicht, dass ich tiefschürfende Antworten auf die großen Fragen des Lebens finde. Meine Aufgabe ist nicht, einen Rekord aufzustellen oder philosophisches Neuland zu erschließen, sondern einen Fluss hinunterzupaddeln, genügend zu essen und abends einen Platz zum Schlafen zu haben. Das, was ich am meisten brauche, um sie zu bestehen, ist, voll da zu sein.

Demütig packe ich mein Zeug zusammen, verschnüre es auf dem Board und gleite wieder hinaus auf die Saale. Gleich hinter der ersten Biegung des Flusses verlaufen die Gleise der Eisenbahnstrecke für etwa 100 Meter direkt am Ufer. Es mag Zufall sein, dass genau in dem Moment, als ich mich auf Höhe dieser Stelle befinde, ein Regionalzug vorbeirattert, jedenfalls bin ich sehr glücklich, in diesem Moment nicht auf einem der gepolsterten Sessel zu sitzen, sondern Nieselregen im Gesicht zu spüren.

10

RHYTHM & RAIN

Von Saalfeld bis nach Jena

Es regnet und regnet. Aber der Regen hat viele Gesichter. Mal kommt er in feinen Partikeln, die mehr in der Luft zu schweben als gen Boden zu fallen scheinen, mal sind die Tropfen so schwer, dass ich jeden einzelnen spüre, wenn er auf meine Regenjacke prallt. Manchmal treibt der Wind ihn so vor mir her, dass ich ihn kaum spüre, manchmal peitscht er mir wild entgegen. Der Himmel verändert sich ständig und mit ihm die Stimmung des Regens. Säße ich jetzt irgendwo drinnen, hätte ich den Tag wahrscheinlich längst als verregnet abgestempelt, ohne die vielen Nuancen auch nur im Ansatz wahrgenommen zu haben.

Mein Eisvogel ist wieder da, auch wenn es sich natürlich um einen anderen als auf der Regnitz oder Loisach handelt. Bisamratten tauchen an der Böschung aus dem Wasser auf und verschwinden unmittelbar darauf in kaum sichtbaren Höhlengängen. Meine Boardshorts ist komplett nass, weil ich es nicht für nötig gehalten habe, die Regenhose überzuziehen. Eine Weile macht mir das nichts aus, weil ich mich ja bewege, aber dann beginne ich doch zu frieren.

Am Ende eines geradlinigen Flussabschnitts mache ich eine flache Brücke aus, unter der genug Platz für eine Pause im Trockenen ist. Vorher muss ich allerdings noch eine Sohlstufe mit großen Blocksteinen überwinden. Erst versuche ich es paddelnd, merke aber schnell, dass diese Idee ohne Helm viel zu riskant ist. Also springe ich vom Board, greife es an der hinteren Halteschlaufe und kann es mit Mühe zumindest so weit bändigen, dass es nicht völlig unkontrolliert in die nächste Steinbarriere kracht. Ich habe die dünnen Neoprensocken an, aber meine Füße finden kaum Halt zwischen den glitschigen Blöcken.

Die Sohlstufe ist eigentlich eher eine lang gezogene Treppe mit ungefähr einem Dutzend aus riesigen Steinen gebildeten Stufen. Jede einzelne ist vielleicht 6 Meter lang und knapp einen halben Meter hoch. Schritt für Schritt bewege ich mich von einer zur nächsten, rutsche aus, lande im Wasser (was kein Drama ist, weil ich ohnehin pitschnass bin), behalte das Board aber fest im Griff und den Weg, den das Wasser nimmt, im Auge. Es dauert länger, als ich gedacht habe, aber irgendwann steige ich die letzte Stufe hinunter, krabble aufs Board und gleite wieder ungehindert flussabwärts.

Unter der Brücke liegen zwei große Kanus und ein Haufen Gepäck. Ein bärtiger Mann in schwarzer Regenmontur inspiziert eine Delle an einem der Kanus, die recht frisch zu sein scheint. Ich ziehe mein Board an Land und frage ihn, wo der Rest seiner Crew steckt. »Die sind zu Burger King«, grinst er »ein paar Hundert Meter die Straße hoch. Irgendwie müssen wir bei dem Wetter ja die Motivation hochhalten.« Ich erfahre, dass die Kanucrew neben zwei Betreuern ausschließlich aus Kindern besteht – Jugendabenteuerwoche einer evangelischen Kirchengemeinde.

Hungrig baue ich meinen Kocher auf und habe schon einen heißen Couscoustopf in der Hand, als die Gruppe mit vollen Tüten zurückkehrt. Nach einem kurzen, selbst gedichteten Tischgebet, das nicht aufgesagt, sondern gesungen wird und unter der Brücke ordentlich hallt, verschwindet der Inhalt der Tüten innerhalb weniger Minuten in den schmächtigen Körpern. Die beiden Betreuer teilen die Kinder auf die Kanus auf, wasserdichte Gepäcktonnen und vollgestopfte Müllsäcke werden umhergeworfen, dann stoßen sich die jungen Abenteurer mit ihren Paddeln vom Ufer ab und entfernen sich unter aufgeregtem Gequatsche ganz langsam von der Brücke, unter der ich noch eine Weile vergeblich darauf hoffe, dass meine Shorts trocknen. Schließlich wechsle ich auf Unterhose mit Regenhose und paddle der Jugendgruppe hinterher.

Es dauert keine halbe Stunde, bis ich sie überhole. Eines der Kanus treibt unter überhängenden Ästen hindurch auf das linke Ufer zu. Offenbar muss jemand pinkeln.

Ich lenke meine Aufmerksamkeit auf das Wasser, das den Weg zu meinen Füßen zum Fluss macht. Es stellt sich in so vielen verschiedenen Formen dar. Innerhalb des Flusses bildet sich im Prinzip eine eigene Landschaft nur aus Wasser. Hier fällt es leicht ab und strömt schneller, da schiebt es großflächig nach vorne, in Ufernähe bildet es regelrechte Plateaus aus, auf denen es viel dickflüssiger zu sein scheint, fast wie frisch gegossener Beton. Hinter hervorguckenden Steinen und Baumstämmen oder Minilandzungen fließt es als Kehrwasser flussaufwärts, wobei sich klare Linien zwischen den Fließrichtungen zeigen. Oft mache ich kleine Strudel aus, für die ich keinen ersichtlichen Grund finde. Es gelingt mir aber mittlerweile recht zuverlässig, die Wassertiefe an einer bestimmten Stelle schon weit genug im Voraus anhand der Kräuselung der Oberfläche zu bestimmen, um entsprechend reagieren zu können.

Die wenigen Wehre stellen mich vor keine großen Probleme, weil der thüringische Tourismusverband dem Wasserwandern offenbar einigen Wert beimisst und die Umtragemöglichkeiten, Ein- und Ausstiege sowie Rastplätze nicht nur gut ausgebaut, sondern auch vernünftig beschildert hat. Die Kinder mit ihren Betreuern bleiben trotzdem die einzigen Wasserwanderer, die ich an diesem Tag treffe.

So menschenleer, wie es um mich herum ist, so dicht die Bäume am Ufer und die Wälder dahinter sind, so beständig es regnet, habe ich wieder das Gefühl, auf einem Dschungelfluss unterwegs zu sein. Aber ich fühle mich nicht eine Sekunde einsam, weil mehr Leben um mich herum ist als in den meisten Menschenmengen, in denen ich mich in der Vergangenheit aufgehalten habe – und weil Anja und die Kinder mir nach dem Gespräch vorgestern noch viel näher sind, als sie es ohnehin schon waren.

Der Regen wird gerade wieder stärker, als ich etwa 30 Meter vor mir einen gelb leuchtenden Punkt im trüben Wasser entdecke. Erst glaube ich an eine optische Täuschung oder so, aber der Punkt wird immer größer, je näher ich ihm komme. Kurz bevor ich an ihm vorbeitreibe, erkenne ich, dass es ein Tennisball ist, so sauber, dass er noch nicht lange in der Saale schwimmen kann. Ich blicke mich um, ob jemand ihn vom Ufer aus hineingeworfen hat, aber da ist keiner. Mit einer Hand fische ich ihn heraus und muss laut auflachen. Auf dem Ball steht zwar Dunlop, aber das ist mein Wilson!

»Wilson«: So nannte Tom Hanks in *Cast away*, der Neuverfilmung von *Robinson Crusoe*, den Volleyball, den er fand und der fortan sein Gefährte auf der einsamen Insel war, auf die es ihn verschlagen hatte. Wilson, weil dieser Markenname auf dem Ball aufgedruckt war. Kurz wähne ich mich in einem weiteren Hollywoodklassiker, der *Truman Show*, und rechne damit, dass jeden Moment irgendwo eine Studioleuchte herunterfällt, denn diese Situation ist so surreal, dass sie komplett inszeniert scheint. Jetzt bin ich nicht nur nicht einsam, sondern ganz offiziell auch nicht mehr allein. Ich lege Wilson oder Dunlop – ich glaube, er braucht noch einen anderen Namen – auf die kleine Fläche vor dem Bootswagen, der vorne auf dem Board festgeschnallt ist. Beim Anblick des kleinen gelben Balls muss ich immer wieder lachend den Kopf schütteln. Was für ein Tag, der mir neben so vielen anderen Dingen nun auch noch gezeigt hat, dass mitten in der Dunkelheit tatsächlich manchmal völlig unerwartet etwas Leuchtendes auftaucht.

In der Nacht hört der Regen auf. Meine Ferse schmerzt immer noch. Tagsüber, wenn ich in Bewegung bin, merke ich sie kaum, aber sobald ich liege und zur Ruhe komme, meldet sie sich unnachgiebig zurück. Trotzdem schlafe ich zehnmal besser als in der Albtraumnacht gestern.

Am Tag darauf erreiche ich Jena. Was die Schlafplatzsuche betrifft, verspekuliere ich mich allerdings, denn es ist mehr oder weniger dunkel, als ich dem Herzen der zweitgrößten Stadt Thüringens entgegengleite. Ich hätte mich dort gerne kurz umgeguckt, aber werde wohl die Stirnlampe aufsetzen und weiterfahren müssen, um etwas außerhalb der City einen ruhigen Spot am Fluss zu finden.

Ich krame schon in meinem Rucksack, als ich auf einmal leise Musik höre, die in meine Richtung wabert. Intuitiv lasse ich die Stirnlampe, wo sie ist, und mache einige kräftige Paddelschläge. Die Saale windet sich nach links. Da vorne scheint eine Art Bootshaus zu sein, in dem gefeiert wird. Die Musik ist jetzt deutlich vernehmbar – Salsa. Ich komme näher und sehe Menschen auf einer großen, offenen Terrasse tanzen. Das ist kein Bootshaus. Aber was dann? Ein Beachklub? Wenige Meter neben der Location befindet sich ein Kanuausstieg. »Jena-Paradies« steht auf einem Schild. Ich halte an, ziehe das Board ans Ufer, hebe es auf den Bootswagen und nähere mich dem

Gelände, von dem die Musik kommt. Tatsächlich ist es eine Strandbar. An ein quaderförmiges Holzhaus, in dem sich die Bar befindet, schließt sich eine mehrstufige ebenfalls hölzerne Terrasse an, die in einen Steg längs zur Saale übergeht. Überall befinden sich Sitzmöglichkeiten, auf einer Rasenfläche stehen Liegestühle. Unten am Steg ist ein Schwanentretboot vertäut. Über der Terrasse hängen einige Sonnensegel, in denen sich rotes Discolicht verfängt. Vorsichtig schiebe ich mein Board unter dem Geländer aus dicken Bohlen hindurch, das die Strandbar umgibt, und setze mich in einen der Liegestühle, um die wundersame Szenerie auf mich wirken zu lassen. Nach einigen Minuten kommt mir eine Idee. Ich gehe vor zur Bar, bestelle eine große Saftschorle (offenbar der Signature-Drink dieser Reise) und frage nach dem Chef.

Sören sieht aus wie der Bassist einer kanadischen Folkband – kernig, wohlgenährt, gemütlich. »Lass uns mal rüber zum Wasser gehen«, sagt er. Er schiebt sich am DJ vorbei, und ich folge ihm über die Terrasse, auf der die tanzenden Paare ihre Hüften aneinanderschmiegen. »Gibt eine erstaunlich große Salsagemeinde in Jena«, erklärt Sören mir, als wir raus sind aus dem Trubel, »und momentan ist es wegen Corona immer noch schwierig, indoor zu feiern. Deshalb machen wir hier regelmäßig Salsaabende unter freiem Himmel. Aber du siehst nicht aus, als wärst du extra zum Tanzen hergekommen.«

Wir drehen uns Richtung Fluss, stützen die Unterarme auf die Reling, während ich wieder meine Geschichte erzähle. Sören macht nicht den Anschein, schnellstmöglich zurück hinter die Theke zu wollen, im Gegenteil: Ich habe das Gefühl, dass er mein Auftauchen ähnlich dankbar annimmt wie ich das überraschende Erscheinen der Strandbar aus dem Dunkeln. Ohne dass ich sie gestellt habe, beantwortet er die Frage, die ich im Kopf hatte, als ich mich nach ihm erkundigte: »Wenn du willst, kannst du heute Nacht hier schlafen.« Ich habe mir längst zwei, drei Möglichkeiten zum Befestigen der Hängematte ausgeguckt, würde aber gerne wissen, wann der letzte Tanz getanzt wird. »Um Mitternacht ist Feierabend, dann räumen wir auf. Wahrscheinlich hast du um ein Uhr deine Ruhe.« Alles jenseits von Mitternacht klingt für mich momentan zwar wie Durchmachen, aber egal, dies ist mein Spot heute, und ich freue mich, angehalten zu haben.

»Ach ja, warum steht ›Paradies‹ auf dem Schild da vorne«, frage ich Sören. Er grinst. »So heißt dieser Teil der Stadt. Hinter uns liegt ein riesiger Park, Naturschutzgebiet, und der geht gleich in den nächsten über. Das ist unsere grüne Oase, das Paradies. Es gibt sogar einen Bahnhof, der so heißt.«

Wir verabschieden uns, als würden wir uns schon ewig kennen. Sören muss morgen seine Wohnung streichen und überlässt die Bar den jungen Kollegen – läuft ja, der Abend. Ich suche mir einen Liegestuhl, von dem aus ich mein Gepäck im Blick habe. Zwei Mediziner erzählen mir von ihrer Arbeit in der Uniklinik der Stadt, einem der modernsten und renommiertesten Krankenhäuser ganz Deutschlands. Ich komme mit Franklin, dem DJ, ins Gespräch. Er ist vor zwanzig Jahren aus der Dominikanischen Republik hergezogen und wollte nicht wieder weg. Ich habe mich nie mit Jena beschäftigt, aber auch für mich ist es ab sofort ein besonderer Ort.

Als die Musik verstummt und die Gäste gehen, helfe ich, die Stühle zu verstauen. Alles, was nicht niet- und nagelfest ist, landet in großen, abschließbaren Holzkisten oder in der Bar selbst, die komplett verrammelt wird. Die schweren Tische sichern wir mit langen Kabelschlössern. Ein paarmal habe schon jemand eingebrochen, erzählen mir die beiden Jungs vom Aufräumdienst, die eigens für die Stunde nach Feierabend anrücken und so eingespielt sind, dass ich fürchte, ihr System am Ende eher durcheinanderzubringen, als wirklich eine Hilfe zu sein.

In Großstadtparks sind gerne mal schräge Gestalten unterwegs, vor allem in Sommernächten, aber ich bin gewillt, mich davon nicht verrückt machen zu lassen. Die Stunde nach Mitternacht vergeht schnell, und schließlich liege ich in meiner Hängematte zwischen zur Seite geschobenen Tischen und unter einem der Sonnensegel, das mich bei Bedarf auch vor Regen schützen wird. Durch die Tragegriffe der Gepäcktasche und des Rucksacks habe ich den langen Zurrgurt gezogen, mit dem ich sonst das Board auf dem Bootswagen fixiere. Der Gurt führt auch durch die Schlaufen der Hängemattenaufhängung und gibt mir wenigstens die Sicherheit, dass niemand einfach so meinen Kram greifen und sich aus dem Staub machen kann, ohne dass ich es mitbekomme. Es ist nicht das erste Mal, dass ich diese Vorkehrung treffe, aber zuletzt habe ich sie oft für unnötig befunden.

Die Nacht ist so ruhig, wie eine Nacht am Flussufer mitten in der Stadt sein kann. Sprich: Ich werde immer wieder mal wach, schlafe dazwischen aber ganz gut.

Am Morgen scheint schon früh die Sonne, und ich verlasse das Gelände der Strandbar lange bevor um 9 Uhr all das, was wir vor ein paar Stunden weggeräumt haben, wieder aufgestellt wird. Am Saaleufer liegen ein paar Zweige herum. Ich hole den Tennisball aus meinem Rucksack und schnitze mit dem Taschenmesser Augen, Nase und Mund hinein. Quer über den Schädel meines Dunlop ziehe ich einen tiefen Schnitt, um die Zweige hineinzustecken und ihm so ein paar Haare zu schenken. Freundlich sieht er aus und auch ein bisschen lustig. Hieß Robinson Crusoes Gefährte, der nach über zwanzig Jahren Einsamkeit auftauchte, in dem Originalroman nicht Freitag? Ich beschließe, meinem freundlichen Tennisball den Namen Lunes zu geben, ich habe ihn schließlich an einem Montag gefunden, und Lunes ist das spanische Wort für Montag, Spanisch wegen des Salsaabends. Ich drapiere Lunes wieder vorne auf dem Board und schiebe es gut gelaunt hinaus ins Wasser. Tag vierundzwanzig liegt vor mir. Noch zweimal schlafen, dann sehe ich meine Familie. Ich muss ordentlich Kilometer machen, damit ich es rechtzeitig bis zum vereinbarten Treffpunkt schaffe. Aber die Saale hat hier auch ordentlich Strömung. Danke Jena und ahoi!

11

SAALE FÜR DIE SEELE

Von Jena weiter auf dem Fluss, hoch zum Merbitzer Berg

Vielleicht ist es die Vorfreude auf das Treffen mit Anja und den Kindern, vielleicht das angenehme Sommerwetter. Vielleicht beflügelt mich die fast mediterrane Landschaft, durch die ich gleite, oder einfach die Tatsache, dass die Wunde an meiner rechten Ferse nicht mehr ununterbrochen schmerzt. Jedenfalls ist der vierundzwanzigste Tag meiner Reise ein richtig guter. Ich komme an Burgen und Schlössern vorbei und paddle unter alten Steinbrücken hindurch. Immer wieder führt die Saale an Felswänden aus Muschelkalk entlang. Ich begegne mehreren Wasserwanderern, schließe zu zwei jungen Männern auf Stand-up-Paddleboards auf und fahre ein Stück mit ihnen. Der Flussabschnitt nördlich von Jena eignet sich perfekt für einen Tagesausflug auf dem Wasser, vor allem mit aufblasbaren Boards, denn durch das Saaletal führen auch die Gleise, auf der die Regionalbahn verkehrt – Gott sei Dank nicht direkt am Wasser, sondern weit genug versetzt. Die beiden Männer wollen bis Camburg paddeln, dort ihre Boards zusammenpacken und mit der Bahn zurück nach Jena fahren, wo sie am frühen Morgen gestartet sind. Ich bin trotz der ungewohnt kurzen Nacht schwer motiviert und verabschiede mich nach einem netten Plausch, um wieder Tempo aufzunehmen.

Bei Döbritschen muss ich mich entscheiden, ob ich das Wehr umtrage oder es wage, die Bootsrutsche zu nehmen – einen sehr schmalen abschüssigen Kanal, der rechts und links mit Beton eingefasst und für Kanus und Kajaks gedacht ist. Um die Boote abzubremsen, befinden sich auf dem Grund des Kanals auf voller Länge querstehende Köpfe von Straßenbesen mit den Borsten nach oben, außerdem ist der Wasserstand so reguliert, dass die Boote gerade so eben auf ihnen aufsetzen. Das Problem für Stand-up-Paddleboards ist die Finne. Außerdem ist man in einem Kanu oder Kajak natürlich besser gegen ein Um- oder Herausfallen und damit gegen die harten Kanten des Betons geschützt. Aber ich habe die kurze, flexible Flussfinne drunter, fühle mich sicher auf meinem Board, kann mich ja auch hinknien und bin noch nie so ein Ding runtergefahren. Sprich: Ich nehme die Rutsche.

Wie bei jeder Stromschnelle schießt Adrenalin durch meinen Körper, als ich den Punkt passiere, an dem es kein Zurück mehr gibt, sondern nur noch die Hoffnung, gut durchzukommen. Aber auch diese Entscheidung ist goldrichtig. So grinsend und so schnell habe ich noch keine Staustufe überwunden. Ich bin fast ein bisschen enttäuscht, weil die Besenköpfe meine Fahrt mehr bremsen, als ich erwartet habe, aber dafür spuckt mich die Rutsche direkt in das wild rauschende Wasser unterhalb des Wehrs, das mich noch einmal anschiebt.

Ich paddle 50 Kilometer an diesem Tag und am nächsten noch einmal die gleiche Strecke. Am Abend, bevor ich Anja und die

Kinder wiedersehe, übernachte ich auf Höhe von Schkopau an der Mündung der Luppe in die Saale. Der Fluss hat sich hier bereits spürbar verändert. Meine Hängematte hängt etwa auf Flusskilometer 110, also 110 Kilometer vor der Mündung der Saale in die Elbe. Seit Kilometer 124 ist die Saale Bundeswasserstraße, ausgehoben und gezähmt. Es gibt keine Wehre mehr, dafür Schleusen, die ich nicht befahren darf. Einige von ihnen funktionieren nach dem Selbstbedienungsprinzip: Man zieht vom Boot aus einen Hebel, die Schleuse öffnet sich, das Leuchtsignal schaltet auf Grün, man fährt ein, bedient im Schleusenbecken wieder einen Hebel, woraufhin die Schleuse sich schließt, das Wasser abläuft und die Schleusentore sich automatisch zur Weiterfahrt flussabwärts wieder öffnen. Natürlich habe ich ausprobiert, ob ich auf diese Weise auch mit dem Board durch eine Schleuse komme.

Kurz bevor ich das Nachtlager fand, in dem ich liege, musste ich mich bei einem Regenguss unter das Dach eines Baustoffhofes direkt neben einer Schleuse retten und sprach lange mit dem Schleusenwärter. Zweimal hatte er an dem gesamten Tag geschleust, zwei Kanus und ein kleines Motorboot. Ich konnte kaum glauben, dass er in Vollzeit arbeitet. »Rasenmähen«, lautete seine Antwort auf die Frage, was er denn gemacht habe heute.

Dass die Saale ausgerechnet ab hier Bundeswasserstraße ist, ist kein Zufall. Schkopau ist eines der Zentren des Mitteldeutschen Chemiedreiecks. 1936 wurde hier der Grundstein zum Bau des weltweit ersten Werks für synthetischen Kautschuk gelegt. In Halle wurde Giftgas produziert, in Leuna über ein einzigartiges Verfahren Kohle zu Benzin verflüssigt. Nachdem im Zweiten Weltkrieg viele Bomben auf die Chemiestandorte fielen, blühte der Industriezweig zu DDR-Zeiten wieder auf. Mit dem Slogan »Plaste und Elaste aus Schkopau«, der von riesigen Leuchtreklamen grüßte, zeigten die Buna-Werke der Welt damals ihren Stolz und ihre Bedeutung. Logisch, dass der Saale eine wichtige

Rolle als Transportweg für die Zulieferung von Rohstoffen und die Verteilung der fertigen Produkte zukam. Auch heute stehen noch Chemiefabriken am Fluss, aber es wird kaum noch etwas über ihn verschifft. Die Saale hat sich mittlerweile auch ganz gut von all dem Mist erholt, der über Jahrzehnte in sie eingeleitet wurde, angefangen von den Abfällen der Giftgasproduktion bis zum Quecksilber, mit dessen Hilfe man aus Salz das Chlor für die Kautschukproduktion löste. Trotzdem ist die Wasserqualität im Unterlauf nach wie vor nicht die beste. Ohne dass ich mich von ihr verabschieden konnte, ist die Saale, wie ich sie kennen- und lieben gelernt habe, passé.

Am nächsten Morgen paddle ich bei heftigem Regen stundenlang gegen den Wind. Aus einem Pavillon, der uneinsehbar an einem Bootsanleger steht, klingen passenderweise die Zeilen eines Siebziger-Smash-Hits: »It never rains in California, but girl, don't they warn ya, it pours, man, it pours.« Ich kriege die Melodie eine ganze Zeit lang nicht mehr aus dem Kopf und schmettere sie wieder und wieder lauthals übers Wasser. Ist eh keiner unterwegs.

Als ich in Halle ankomme, sehe ich zwischen den Bäumen am rechten Flussufer hindurch eine Art Café oder Kiosk, auf jeden Fall etwas, wo ich eventuell ein heißes Getränk bekommen und mich aufwärmen könnte. Ich binde das Board an einem dicken Ast fest, greife meinen Rucksack und gehe die paar Meter zur ersten Häuserzeile.

Anscheinend habe ich mittlerweile einen Riecher für die richtigen Orte zum richtigen Zeitpunkt. Ich lande im »Hafenmeister & Docks«, und auf meine zaghafte Frage nach einem Cappuccino reicht mir der nette Typ an der Theke eine Karte aus dem Schlaraffenland. Ich wickele mich pitschnass, wie ich bin, in eine der kuscheligen Decken, die auf einem Stapel neben dem Eingang liegen, setze mich in einen Loungesessel auf der überdachten Terrasse und bestelle das große Frühstück – erst mal. Es läuft eine Oasis-Playlist, und mit jedem Song wird mir wärmer. Nach einer Weile kommt die Besitzerin des Ladens vorbei und bietet mir eine Dusche an, wofür ich mich herzlich bedanke, aber ablehne. Mir geht es so schon gut genug.

Einen zweiten Kaffee, einen Tee und einen baskischen Käsekuchen später hört es auf zu regnen, und ich bin bereit weiterzupaddeln. Vorher besteht die Hafenmeistercrew aber noch auf ein Beweisfoto von mir auf dem am Baum vertäuten Board. Als das im Kasten ist, winken wir uns fröhlich zu, und ich mache mich auf die letzten 20 Kilometer bis Wettin. Einige Selbstfahrerschleusen und Regenschauer später gehe ich dort an Land.

Hier ist das Saaletal zumindest optisch wieder mehr von Natur als von Industrie geprägt. Felsen aus uraltem Vulkangestein, Porphyr, säumen den Fluss und ziehen sich weit in sein Hinterland, muldenartige Seitentäler öffnen sich, auf sanft ansteigenden Hängen verteilen sich große Ackerflächen. Auch ich muss bergauf. Anja hat eine kleine Blockhütte auf einem einsam gelegenen Hof bei Löbejün gebucht, ungefähr 10 Kilometer Fußmarsch entfernt. 10 Kilometer sind nach meinen aktuellen Maßstäben eigentlich nicht mehr die Welt, schon gar nicht bei der Aussicht, an diesem Etappenziel meine Familie in die Arme zu schließen, aber der Weg verlangt mir noch mal einiges ab. Erst komme ich wieder in sintflutartigen Regen, der mir in Bächen entgegenströmt, dann lande ich beim Versuch, eine Kopfsteinpflasterstraße zu umgehen, auf einer schnurgeraden Bundesstraße ohne Radweg – offenbar eine verkappte Autobahn, im Dauerfeuer rasen die Autos an mir vorbei –, und schließlich bleibe ich fast auf einem Feldweg stecken, der so ausgewaschen ist, dass er auch als Canyon durchgehen könnte.

Ich bekomme eine Nachricht: Anja und die Kinder sind noch auf der Autobahn. 120 Kilometer bis zum Ziel laut Google Maps, also eine gute Stunde, vielleicht anderthalb. Ich habe wahrscheinlich noch 3 oder 4 Kilometer vor mir und werde ungefähr genauso lange brauchen. Die Reisegeschwindigkeiten im Auto, Zug oder gar Flugzeug erscheinen mir immer surrealer.

Der Hof liegt auf der flachen Kuppel des Merbitzer Bergs. Ich bin als Erster da und klingele an der Tür des Haupthauses. Michael öffnet mir, begrüßt mich freundlich und zeigt mir das Gelände. Hinter dem Haus fällt eine offene, mit Obstbäumen bewachsene Wiese Richtung Tal ab. Ein paar Zelte stehen darauf, ein alter VW-Bus und zwei Schäferwagen. Seitlich gibt es kleine Nebengebäude mit Waschräumen und Toiletten, und dazwischen steht die Blockhütte, die in den kommenden beiden Nächten unser Quartier sein wird. »Da habt ihr großes Glück gehabt. Eigentlich war die Hütte lange im Voraus gebucht, aber die Gäste haben Anfang der Woche wegen des schlechten Wetters abgesagt«, sagt Michael und erklärt mir, wo ich Feuerholz für den Kaminofen finde.

Ich schiebe gerade das Board vor die Blockhütte, als der kleine silberne Fiat auf den Parkplatz oben am Haupthaus rollt. Die Hintertüren fliegen schon auf, bevor der Wagen hält, und ich bekomme die Arme kaum so schnell ausgebreitet, wie die Kinder in sie hineinspringen. Aus den Tiefen meines Bauches steigt ein unbeschreibliches Glücksgefühl auf, das in Sekundenbruchteilen bis in die äußersten Fasern meines Körpers tanzt. Ich weiß, dass es Anja ähnlich geht, aber sie muss erst einparken und den Stress der stundenlangen Autobahnfahrt abschütteln, bevor wir gemeinsam schwofen. Fast vier Wochen haben wir uns nicht gesehen, noch nie seit der Geburt der Kinder waren wir so lange voneinander getrennt. Und trotzdem fühlen wir uns enger verbunden als zuletzt in Hamburg.

Von innen ist die Blockhütte dunkel und kalt, also schmeißen wir gleich den Ofen an. Für vier Personen ist sie mit nur einem großen Bett gar nicht ausgelegt, aber das macht uns nichts. Mein Sohn und ich wollen die Nacht sowieso auf der Terrasse in den Hängematten verbringen.

Wir haben viel zu erzählen und jede Menge Zeit. Irgendwann lodert das Feuer und wirft warmes, bedächtig flackerndes Licht gegen die Wände aus massiven Holzstämmen. Aus dem düsteren Loch wird eine gemütliche Höhle. Wir kochen Reis, Gemüse und Tee auf den zwei Gaskochfeldern und vergessen, dass außerhalb unserer Blockhüttenwelt noch eine andere existiert.

Ich bin dennoch froh, draußen zu schlafen. Mittlerweile glaube ich, dass das Schlafen in der Hängematte mir nicht nur wegen der frischen Luft so guttut, sondern auch aufgrund der Liegeposition. Wenn ich zu Hause morgens aus dem Bett krieche, fühle ich mich oft steif wie ein Brett, aus der Hängematte hüpfe ich wie mein neunjähriger Sohn, na ja, fast, zumindest aber nicht so, als wäre ich zuvor wochenlang jeden Tag von morgens bis abends gepaddelt oder gelaufen. Das war durchaus ein Szenario, mit dem ich mich im Vorfeld dieser Reise beschäftigt habe: Was, wenn ich die Gelenke in der Schulter oder den Knien überlaste? Was, wenn die Schmerzen im unteren Rücken, die mich vor zwei Jahren richtig außer Gefecht gesetzt haben, wiederkommen? Was, wenn das Schlafen in der Hängematte auf Dauer doch nicht so gesund ist? Bislang ist nichts davon eingetroffen. Im Gegenteil: Mein Körper scheint dankbar zu sein für das, was gerade passiert. Okay, da ist die Stelle an der Ferse, aber von der wusste ich immer, dass sie in den Griff zu kriegen ist. Und inzwischen sieht sie schon viel besser aus.

Der erste Morgen auf dem Merbitzer Berg gehört den Katzenbabys, die erst vor ein paar Tagen zur Welt gekommen sind. Michael hat einen kleinen Stall für sie und ihre Mutter gebaut, und unsere Kinder sind ganz verrückt nach den Miezen. Nach dem Frühstück steige ich zum ersten Mal seit Wochen in ein Auto. Wir fahren nach Halle, sehen uns die Stadt an, gucken noch mal bei meinen neuen Freunden vom »Hafenmeister & Docks« vorbei und mieten uns ein Kanu, um die Saale gemeinsam zu erleben. Für den Rest des Tages lassen wir auf dem Hof die Seele baumeln.

Es ist nicht so, dass ich auf einmal überraschende Neuigkeiten von Anja und den Kindern erfahre oder andersherum. Wir haben ja regelmäßig telefoniert. Gut möglich, dass auch das einen Teil der besonderen, unaufgeregten Atmosphäre dieses Wochenendes ausmacht. Ich habe den Segen des Nichtsmüssens ja unterwegs schätzen gelernt, jetzt müssen wir gemeinsam nichts. Zu wissen, dass wir uns danach noch einmal drei Wochen nicht sehen werden, gibt dem Wochenende nur noch mehr Bedeutung.

Am späten Sonntagvormittag nehmen wir die Hängematten ab, packen unser Zeug zusammen – Anja und die Kinder ihres, ich meins, damit auch ja nichts durcheinander kommt und mir später nichts Wichtiges fehlt –, fegen die Hütte durch und machen noch einen letzten Spaziergang, bevor wir uns wieder verabschieden. »Nicht trödeln, Papa, du musst an Mamas Geburtstag auf Sylt sein!«, ruft unsere Tochter, und natürlich versichere ich ihr, alles dafür zu tun.

Anja hat Ende September Geburtstag, an einem Samstag, und sie hat für dieses Wochenende schon ein Apartment auf der Nordseeinsel gebucht. Meine Deadline ist also recht konkret. Aber wie das so ist mit Deadlines – solange sie noch nicht direkt bevorstehen, kümmern sie uns meist nicht groß. Der silberne Kleinwagen bewegt sich langsam vom Parkplatz in Richtung Straße, und ich stehe winkend neben meinem Board.

Runter zur Saale nehme ich einen anderen Weg als hinauf zum Hof, nur viel besser ist der auch nicht.

Ich bin ganz gut im Plan, was meine Ankunft auf Sylt betrifft. Allerdings ist es noch viel zu früh, Prognosen zu wagen. Die Elbe, über die oft heftiger West- und damit Gegenwind bläst, erwartet mich schon, auf der Ostsee stürmt es sowieso gerne, auf der Nordsee erst recht. Regen und Kälte können mir zusetzen, und auch darauf, dass sich mein Körper nicht doch mal eine Auszeit erbittet, würde ich keine Wetten abschließen.

12

DRECKIG, KRANK, ZUM NIEDERKNIEN

Von der Saale auf die Elbe

Kurz hinter der Fähre, die in Wettin die Saale überquert, mache ich mich bereit, wieder aufs Wasser zu wechseln. Am Ufer steht ein Mann mit Trapperhut neben einem schmalen Ofen und verkauft geräucherten Fisch. Allerdings ist weit und breit keine Kundschaft zu sehen. Ich bitte ihn gleich um zwei Portionen. Immer noch habe ich ständig Hunger, eine solche Gelegenheit kann ich mir nicht entgehen lassen. Zwar kommt keiner der Fische aus der Saale, aber vielleicht ist das in Anbetracht der Vergangenheit dieses Flussabschnitts auch ganz gut so.

Der Verkäufer erzählt mir von seinem ersten Kajak, das er in Rumänien von einem Typen geschenkt bekam, der verwaiste Paddelboote am Ufer der Donau aufgriff. Genau dieses Kajak besitze er heute nicht mehr, aber noch immer liebe er es, frühmorgens ein Stück weit die Saale runter- und wieder raufzupaddeln. Von der Strömung, die mir im Mittellauf so zugutekam, ist hier nicht mehr viel übrig – die Schleusen, Vertiefungen und Begradigungen haben den Fluss träge gemacht.

Der Mann mit dem Hut führt mich in den schrammeligen flachen Holzbau ein paar Schritte weiter, wo seine Freundin Kaffee und Kuchen, aber natürlich auch Würstchen und Hochprozentiges anbietet. Ich verdrücke an Ort und Stelle noch zwei Stück Kuchen und lasse mir meine Trinkflaschen auffüllen.

Nachdem ich die große Finne angeschraubt habe (jetzt ist der Fluss tief genug!), schiebe ich das Heck des Boards mithilfe des Bootswagens so weit es geht ans Ufer heran. Vom Wasser her hebe ich es mit einer Hand leicht an, während ich mit der anderen den Bootswagen schnappe. Dann ziehe ich das Board so weit hinein, bis die Finne nicht mehr aufsetzt, gehe wieder vor zum Bug, sichere den Bootswagen an Deck, schiebe das Board über die Uferkante vollständig in den Fluss und rangiere es so, dass es parallel zum Ufer liegt und ich aufsteigen kann. Mit dem Paddel stoße ich mich vom Ufer ab und glaube wieder in die Welt zu gleiten, der ich vorgestern entstiegen bin.

Doch die Welt ist anders. Es gibt keine Selbstbedienungsschleusen mehr und auch keine Schleusenwärter, die ein Auge zudrücken. Selbst das Umtragen der Schleusen wird unglaublich mühsam, auf Wasserwanderer ist jetzt nichts mehr ausgerichtet. Als ich an der Schleuse Wettin die auf einem Infoschild angegebene Telefonnummer wähle, meldet sich jemand aus der Revierzentrale in Bernburg und erklärt mir, dass er die Schleuse fernsteuert und unter keinen Umständen eine Ausnahme macht. Immerhin erlaubt er mir, das Schleusengelände zu betreten, um das Board umzusetzen. Ich werte das als Genehmigung für alle folgenden Schleusen und klettere fortan über einige Zäune und Geländer, um irgendwie die riesigen, hässlichen Hindernisse zu überwinden. Die steilen Böschungen, Treppen und enge Wartungswege machen es unmöglich, den Bootswagen zu benutzen, also schleppe ich Gepäck, Bootswagen und Paddel jedes Mal in zwei Etappen hinter die Schleuse, ehe ich mir das Board unter den Arm klemme und ein drittes Mal den Schleusenparcours absolviere.

Zwischen den Schleusen ist die Saale langweilig und dreckig. Ich habe auf meiner ganzen Reise bislang so gut wie keinen Müll auf und an den Flüssen gesehen – was mich immer noch erstaunt –, jetzt ist es so weit: Plastikflaschen in allen Farben treiben vor mir her, Schuhe und jede Menge Äste, Stöcke und Gräser, die sich zu Teppichen verhaken. Teilweise paddle ich in Slalomlinien, damit sich nicht zu viel Zeug in meiner Finne verfängt. Natürlich passiert das trotzdem, dann muss ich abbremsen, 3 Meter rückwärtspaddeln und in einem leichten Bogen wieder voran.

Das symbolträchtigste Stück Müll ist ein bestimmt 40 Zentimeter hohes, aus einer Holzverbundplatte gesägtes und weiß lackiertes Fragezeichen. Warum??? Ich finde keine Antwort auf diese Frage. Die größeren Plastikteile, an denen ich direkt vorbeigleite, auch die einzelne rote Badelatsche, sammle ich auf und entsorge sie bei der nächsten Gelegenheit an Land. Um hier nur einen Kilometer richtig aufzuräumen, würde ich mehrere Tage brauchen.

Bis zur Elbe bleibt es grau, regnerisch und windig. Die einsamen Schlafplätze, die ich finde, sind meine Lichtblicke. Nach zermürbenden Stunden auf dem Wasser etwas Warmes auf dem Kocher zu brutzeln und dann unter dem Tarp in der Hängematte zu liegen, trocken und schwerelos, das gibt zumindest dem, was ich tue, einen Sinn.

Anja und die Kinder sind gut zu Hause angekommen. Ich zehre sehr von unserem Treffen und hoffe, dass die Energie der gemeinsamen Tage auch sie weit trägt – durch Klassenarbeiten und Vokabeltests, Streitereien, Sorgen und Regentage. Abends in der Hängematte spreche ich kurz mit ihnen.

Manchmal poste ich ein Foto oder ein kurzes Video, das im Laufe des Tages entstanden ist, auf Instagram, überfliege E-Mails und Schlagzeilen des Weltgeschehens. Im Gegensatz zu den Monaten vor meiner Abreise habe ich aber endlich wieder ein Mediennutzungsverhalten, das mir gesund erscheint. Zu Hause habe ich vor jedem Gang aufs Klo reflexartig zu meinem Smartphone gegriffen, um in der einen Minute, die ich dahocke, Boulevardnews zu lesen oder nicht minder überflüssige Chatbeiträge aus Whatsapp-Gruppen, in denen ich nie sein wollte. Aus der Hängemattenperspektive ist das lustig und auch ein bisschen traurig.

Eines Abends – die Stummschaltung für sieben Tage muss gerade abgelaufen sein – bricht in der Fußballelterngruppe ein Chattornado los, an dessen Ende ich sicher genauestens darüber informiert wäre, welches Kind warum heute leider nicht zum Training kommen kann, erst etwas später auftaucht oder bei zu starkem Regen doch bitte nach Hause geschickt werden möge. Doch Gott sei Dank gelingt es mir schnell genug, die Stummschaltung zu verlängern und das Handy in den Tiefen meines Schlafsacks verschwinden zu lassen.

Die Elbe bereitet mir einen tosenden Empfang. Nach den Erfahrungen der letzten Tage bin ich heilfroh, die Saale endlich zu verlassen und ein neues Kapitel aufzuschlagen. Schon hier bei Barby, noch weit entfernt von Hamburg und Cuxhaven, ist die Elbe ein echter Strom – gut 200 Meter und damit mehr als viermal so breit wie die Saale kurz vor ihrer Mündung. Auf Flüssen solcher Größe entwickelt der Wind oft eine besondere Dynamik und kachelt ordentlich über die Wasseroberfläche. Und auch heute tut er das, von schräg vorne. Ich brauche eine Weile, um zu verstehen, dass diese Tatsache gar nicht so dramatisch ist, denn die Elbe führt viel Wasser und hat eine sagenhafte Strömung, die voll auf meiner Seite ist. Während ich mich auf

dem Board hart paddelnd gegen den Wind stemme, werde ich von der enormen Kraft unter mir unwiderstehlich nach vorne geschoben.

Der Dreck aus der Saale scheint im Mündungsbereich oder kurz dahinter hängen geblieben zu sein oder sich weitläufig verteilt zu haben, jedenfalls zeigt die Elbe sich von ihrer unberührten Seite. Die offizielle Kilometrierung ist etwas sonderbar. Der nach dem Rhein zweitlängste durch Deutschland fließende Fluss entspringt im tschechischen Riesengebirge auf etwa 1.400 Metern Höhe. An der deutsch-tschechischen Grenze im Elbsandsteingebirge hat die »Labe«, wie die Elbe in Tschechien heißt, schon über 350 Kilometer zurückgelegt. Dennoch beginnt die offizielle deutsche Kilometrierung erst dort bei null. Auf dem ersten Schild, das ich am Elbufer sehe, steht eine große 294. Die nächste Stadt flussabwärts ist Magdeburg. Verlassen werde ich die Elbe erst wieder in Lauenburg bei Kilometer 569, um von dort über den Elbe-Lübeck-Kanal in die Ostsee zu gelangen. Wir werden also ein bisschen Zeit miteinander verbringen. Wie gut wir uns dabei wohl anfreunden? Fürs Erste halte ich es mit Bob Dylan: »The answer my friend, is blowin' in the wind. The answer is blowin' in the wind.«

Am nächsten Tag bläst es schon weniger stark und mehr von der Seite. Ich paddle durch Magdeburg, ohne an Land zu gehen. Hinter der Stadt macht die Elbe einen Bogen und fließt nach Norden, teilweise sogar ostwärts. Auch das ist ein Grund dafür, dass der Wind heute gnädiger erscheint.

Mit der Elbe habe ich auch das norddeutsche Tiefland erreicht. Die Landschaft, die ich durchgleite, ist von weiten Auen geprägt. Da die Elbe bei Hochwasser immer wieder über die Ufer tritt und das flache Hinterland großflächig überschwemmt, gibt es weder Straßen noch Gleise oder andere Bebauung in Ufernähe. Städte sind rar gesät und befinden sich meist dort, wo sich die Landschaft doch mal etwas erhebt. Selbst Brücken sind extrem selten. Und obwohl die Elbe breit und beim aktuellen Wasserstand auch tief genug für Frachtschiffe und Motorboote ist, bin ich mutterseelenallein auf dem großen Strom. Zwei Schiffe am Tag, das ist in etwa das Verkehrsaufkommen.

Mutterseelenallein gilt allerdings nur in Bezug auf andere Menschen und Fahrzeuge, denn Tiere sehe ich viele: Kühe, Rinder und Schafe, die auf Wiesen grasen, Wildgänse in kleinen und größeren Gruppen, Reiher und gleich am zweiten Tag auch einen Seeadler, der herrschaftlich seine Kreise über Auen und Fluss zieht. Ein bisschen fühlt es sich an, als würde ich wie Tom Sawyer und Huckleberry Finn auf einem Floß den Mississippi runterschippern.

Ich koste die Zeit auf dem Wasser voll aus und lege am ersten reinen Elbtag 63 Kilometer zurück. Für die Nacht finde ich am rechten Ufer etwas nach hinten versetzt einen urigen, gut zugänglichen Baum mit einem waagerecht gewachsenen Ast. Aus der Hängematte beobachte ich, wie die Sonne sich vor einem glutroten Himmel langsam hinter den Auenwald im Westen schiebt.

Am Morgen darauf bin ich gerade erst 300 Meter auf dem Wasser, als ich am Ufer einen Kajakfahrer sehe. Ohne es zu ahnen, müssen wir in ziemlicher Nähe voneinander übernachtet haben. Er scheint wie ich alleine zu reisen und packt gerade sein Zelt zusammen. Ich will ihm so früh nicht auf die Pelle rücken und rufe nur ein beherztes »Moin« rüber. Wahrscheinlich werden wir uns sowieso noch mal sehen. Das »Moin« fühlt sich gut an. Dass ich es hier wieder benutze, zeigt mir, wie nahe ich meiner Heimat gekommen bin.

In Tangermünde binde ich mein Board an einer der Leitern fest, die in die Kaimauer eingelassen sind, und klettere an Land, um mir im Schlosshotel meine Flaschen aufzufüllen und einen Alibikaffee zu trinken. Das Schloss thront nah am Fluss hoch über der Stadt, umgeben von alten Festungsmauern. Ich konnte

es schon von Weitem erkennen. Weil ich mir nicht sicher bin, wie gut die Einkaufsmöglichkeiten in den nächsten Tagen flussabwärts sind, besorge ich im nahe gelegenen Supermarkt auch noch ein paar Lebensmittel, bevor ich zurück zum Board laufe.

Als ich dort ankomme, macht ein paar Meter weiter gerade der Kajakfahrer von vorhin fest. Er hat die gleiche Idee wie ich und will seine Vorräte aufstocken. Eine Woche sei er schon unterwegs, erzählt er – in Dresden gestartet, Hamburg als Ziel. »Aber ich weiß nicht, ob ich das wirklich durchziehe, vielleicht mache ich auch nur noch zwei Tage.« Ich versichere ihm, dass die mühsamen Tage im Rückblick oft die besten sind, und verabschiede mich mit einem »Bis später auf dem Wasser«, nicht ahnend, dass diese Unterhaltung die erste und letzte mit ihm ist.

Etliche Kilometer hinter Tangermünde habe ich auf einmal ein flaues Gefühl im Bauch. Erst ignoriere ich es einfach, in der Hoffnung, dass es wieder verschwindet, aber es breitet sich immer weiter aus. Mir wird übel, mein Kopf beginnt zu glühen, dennoch kriecht ein Frösteln in meine Glieder, und aus den Armen schwindet die Kraft. Es gibt keinen offensichtlichen Grund dafür, aber den brauche ich auch nicht. Ich steuere die nächste Bucht am linken Ufer an, habe das Glück, dass es dort zwischen zwei Buhnen einen kleinen Strand gibt, ziehe das Board aus dem Wasser und lege mich in den Sand. Mehr will ich nicht, einfach nur daliegen und die Augen zumachen.

Als ich sie wieder öffne sind zwei Stunden vergangen. Ich fühle mich immer noch elend. Ganz langsam rappele ich mich auf, um den Kocher aus der Gepäcktasche zu kramen. Ein paar Meter weiter stehen Brennnesseln. Ich zupfe einige Blätter ab, koche einen Liter Trinkwasser auf und gebe die Blätter hinein. Der Tee ist kein Genuss, aber er beruhigt meinen Magen etwas. Eine weitere Stunde döse ich vor mich hin und trinke zwischendurch so viel es geht.

Der Tag ist warm und sonnig, auch auf dem Wasser habe ich

nach dem Auffüllen der Trinkflaschen schon gut getrunken. Das war sicher genau richtig, bedeutet aber auch, dass die Flaschen schon wieder fast leer sind und ich in dieser Bucht nicht bleiben kann. In meinem Zustand ist Wasser das A und O. Ich sehe auf die Karte und mache einen kleinen Ort etwa 6 Kilometer flussabwärts aus. In Zeitlupe packe ich den Kocher wieder zusammen, sattle das Board und bringe es mit vorsichtigen Paddelschlägen zurück in die Strömung. Egal wie schlapp ich bin, ich muss es bis in diesen Ort schaffen.

Immer wieder höre ich auf zu paddeln, knie mich hin und lasse mich treiben. Aber ich komme an. Ein gepflasterter Weg führt schnurgerade zu einer Häuserzeile. Ich klingele an einer Tür und bin überrascht, auf Englisch begrüßt zu werden. Die junge Frau im Sommerkleid erzählt mir, dass sie aus Southampton kommt und mit ihrem Freund in Berlin lebe. Dessen Eltern gehöre dieses Haus. Sie und ihr Freund haben sich für ein paar Tage hierher zurückgezogen, um in Ruhe zu arbeiten. Homeoffice, »mal raus aus der Stadt«. Ich bin nicht in der Stimmung für lange Erklärungen meinerseits und lenke das Gespräch zurück aufs Trinkwasser. Kurz darauf schlurfe ich mit vollen Flaschen zurück zum Board.

Einige wenige Kilometer paddle ich noch – oder besser: Ich dümpele den Fluss hinunter –, dann taucht rechts ein Platz zum Übernachten auf. Es ist zwar erst Nachmittag, aber nachdem ich mein Expeditionsvehikel unter die Bäume gezogen habe, befestige ich direkt die Hängematte und haue mich hin. Es ist das beste Krankenbett, in dem ich je lag.

Jetzt habe ich in den wacheren Phasen meines Deliriums auch die Muße, über dessen Ursachen nachzudenken. Habe ich irgendwo verunreinigtes Trinkwasser bekommen? Aufgefallen ist es mir nicht. Es kann genauso daran liegen, dass ich die Pilze, die ich gestern Abend mit in meinen Couscous-Gemüse-Topf getan habe, nicht richtig abgewaschen oder zu kurz angebraten habe. Oder es hat sich gerächt, dass ich Kochtopf und Essensschale mit Flusswasser ausspüle. Zum Abtrocknen benutze ich oft dasselbe Handtuch wie für meine Füße – auch das ist bei genauerer Betrachtung natürlich unhygienisch und dämlich. Ohne eine befriedigende Antwort und im Vertrauen darauf, dass es mir morgen besser geht, dämmere ich weg. Sollte sich mein Zustand verschlechtern, muss ich ernsthaft darüber nachdenken, einen Arzt aufzusuchen – wenn ich kann. Zu meinem Nachtlager würde Hilfe nur mit dem Boot oder Hubschrauber durchkommen, weil der Landweg komplett zugewachsen ist. Aber Drama will ich gerne vermeiden.

Ich schlafe gut. Und ich muss keinen Hubschrauber rufen. Tatsächlich fühle ich mich wieder viel besser, als ich aufwache. Ich habe sogar Appetit auf ein ordentliches Porridge – gestern gab es nach dem Frühstück gar nichts mehr zu essen. Der unerwartete Ruhetag hat meine Planung durcheinandergebracht. So etwas wie einen Zeitplan im engeren Sinn gibt es ja gar nicht, dennoch habe ich in den vielen Stunden auf dem Wasser natürlich meine Vorstellungen entwickelt, wann ich eventuell wo sein könnte. Aber anstatt heute aufzuholen, was ich gestern versäumt habe, will ich es ganz bewusst noch einmal langsam angehen lassen. Kurz hatte ich den »Jetzt erst recht«-Impuls, aber dass es auf dieser Reise nicht darum geht, den Helden zu spielen, habe ich doch schon vor einiger Zeit gelernt. Dies ist ein guter Moment, um sich daran zu erinnern.

Obwohl die Sonne scheint und der Wind nur schwach weht, liegt eine Kühle in der Morgenluft, die davon zeugt, dass der Anfang vom Ende des Sommers gekommen ist. Wir haben jetzt September, und auch die vielen Wildgänse auf, über und entlang der Elbe sind Boten des Herbstes.

Ich steige in meiner warmen Jacke aufs Board, ziehe sie dann aber doch bald aus. Der Tag ist geprägt von den Gänsen, die zum Teil in so großen Schwärmen so flach über die Elbe ziehen, dass ich minutenlang nur dastehe und staune. Ihr Geschnatter ist ohrenbetäubend, aber ich liebe es. Die Tiere kommen vermutlich aus nördlicheren Regionen in Sibirien oder Skandinavien, wo es um diese Zeit schon deutlich kälter ist, und sind auf dem Weg in ihre Winterquartiere. Vielleicht bleiben einige mittlerweile sogar hier, aber die meisten machen sicher nur Station und fliegen dann weiter. Flüsse dienen den Zugvögeln als Orientierung, genau wie Küstenlinien. Wenn die Luft klar ist und der Mond hell genug scheint, funktioniert das auch nachts.

So sehr sie mich faszinieren, so oft schüttele ich auch den Kopf über die Gänse, wenn sie wieder völlig übertrieben hektisch herumgackern und aufflattern, nur weil entweder ich oder irgendetwas anderes sich ihnen auch nur auf 50 Meter nähert. Es beginnt immer mit einer einzelnen Gans, die die Nerven verliert und dann alle anderen ansteckt. Die Seeadler sind das genaue Gegenteil. Sie sitzen Ewigkeiten auf knorrigen Bäumen und halten Ausschau nach Beute – Hasen, Mäusen, kleineren Vögeln, Fischen. Haben sie das Gefühl, dass der richtige Zeitpunkt gekommen ist, schwingen sie sich auf und ziehen in aller Seelenruhe ihre Kreise. Die riesigen Flügel sind derart gute Tragflächen, dass sie kaum mit ihnen schlagen müssen.

Auch heute kann ich wieder einem Adler beim Rundendrehen zusehen, treibe aber unter ihm hinweg, ehe er herabschießt, um seine Beute zu erledigen. Möglicherweise sind die Gänse auch wegen der Adler so dünnhäutig, aber selbst eine dumme Gans wird ja wohl einen Vogel von einem Paddler oder Motorboot unterscheiden können.

Den Kajakfahrer entdecke ich nicht mehr. Höchstwahrscheinlich ist er gestern schon vorbeigepaddelt, als ich mich an den kleinen Strand geschleppt habe, um mich auszuruhen. Am Himmel ziehen schönste Kumuluswolken auf. Ich werte das als Zeichen für gutes Wetter über die kommenden Tage. Die Sonne knallt jetzt ganz schön, und meine Trinkflaschen leeren sich schnell. Nur: Der nächste Ort direkt am Fluss ist rund 40 Kilometer entfernt, eine Strecke, die ich sicher nicht mit nur noch wenigen Schlucken Trinkwasser zurücklege – heute schon gar nicht.

Irgendwann sehe ich hinter einem Deich ganz am Ende der Auen einzelne Dächer, also mache ich das Board fest und marschiere los über einen rudimentär ausgetretenen Pfad, klettere über einen Zaun, laufe den Deich hinauf und stehe fünfzehn Minuten später vor einem einfachen Häuschen. Die Bewohner – er deutlich älter als sie – haben einen Tisch auf eine Art Terrasse am Deich gestellt und sind im Begriff mittagzuessen. Auf ihrem Schoß sitzt ein kleines Kind. Meine Frage nach etwas Wasser aus der Leitung bügelt er umgehend ab: »Kannste hier nicht trinken, machen wir auch nicht.« Vorsichtig erkundige ich mich, was sie denn trinken würden und ob es eine Möglichkeit gebe, davon etwas zu bekommen. Ich könne auch etwas bezahlen.

Der hagere Mann hat offenbar wenig Interesse an meinem Anliegen, murmelt aber was von 3 Euro und bedeutet der Frau, mit mir ins Haus zu gehen. Wir treten durch die Tür und stehen in einem holzvertäfelten Raum, der mit sonderbarem Krimskrams vollgestellt ist. Die Frau drückt mir zwei 1,5-Liter-Flaschen mit Mineralwasser in die Hand, lächelt freundlich und sagt, ich solle einfach gehen. Ich frage nach, ob ihr Mann nicht etwas von einem Geldbetrag gesagt hätte, aber sie winkt nur ab. Und so klemme ich die Flaschen unter den Arm, bedanke mich bei ihr und biege vorm Haus direkt Richtung Board ab, nur noch ein flüchtiges »Danke!« zum Tisch rufend.

Am Nachmittag passiere ich die Mündung der Havel in die Elbe. Von hier an wird es strenger, was das Übernachten betrifft, und ich muss mich an die wenigen Stellen halten, die meine Wasserwander-App als »geduldet« auszeichnet. Etwa 10 Kilometer hinter der Havelmündung, auf Höhe von Rühstädt, ist so eine Stelle. Als ich näher komme, erkenne ich zwei Angler und eine größere Gruppe mit Fahrrädern.

So wild und ursprünglich die Elbe auch wirkt, sie wird überall rechts und links mit Buhnen gebändigt. Diese schmalen angelegten Landzungen verhindern, dass die Strömung immer mehr von der Uferkante abbricht. Ohnehin wird viel dafür getan, dass der Strom sich nicht breiter macht: die Deiche hinter dem Auenstreifen, das regelmäßige Ausbaggern des Flussbetts, sogenannte Vorfluterkanäle mit abschottbaren Wehren. Auf dem Fluss bekomme ich von all diesen Maßnahmen wenig mit. Jedenfalls liegt auch die Stelle, die ich ansteuere, zwischen zwei Buhnen. Das Ufer fällt zwischen zwei Baumgruppen flach ab, ist im oberen Bereich mit Gras bewachsen, zum Wasser hin sandig. Zwei Männer stehen mit nackten Füßen im Wasser, beide mit einer Glasflasche in der Hand, und beäugen mit einer Mischung aus Faszination und Ratlosigkeit, wie ich mich hinknie und auf sie zugleite. Ich tue so, als wäre es das Normalste der Welt, hier wie ein verlotterter Urmensch auf Weltreise zu stranden – für mich IST es das momentan ja auch –, und grüße wohlwollend. Es schlendern noch mehr Personen aus der Gruppe, die unter einer der Baumgruppen zusammensteht, ans Wasser, und ich beantworte eine Frage nach der anderen. Die letzte gefällt mir besonders: »Willst du was trinken oder essen?«

Es stellt sich heraus, dass die für diese Gegend viel zu hippen Männer und Frauen alle zusammen arbeiten – für ein kleines IT-Unternehmen in Berlin. Das große Elternhaus des Chefs steht hier in der Nähe, deshalb hat der Betriebsausflug die Bagage erst mit der Bahn nach Havelberg und dann mit den Rädern an diese Bucht geführt. Später geht es zum Übernachten in das alte Landhaus, vorher muss aber noch das kalte Büfett geleert werden, das auf der Ladefläche eines in die Jahre gekommenen Pick-ups aufgebaut ist. Und der steht wie die Fahrräder unter den Bäumen.

Ich lasse mir eine Limonade reichen, greife einen Apfel und eine Banane und setze mich in den Schatten. Der Empfang war so unerwartet, dass ich erst mal einen Moment für mich brauche. Ist das der richtige Ort für mich und meine Hängematte? Warum nicht? Wenn die Truppe weg ist, sind nur noch die beiden Angler da (von denen ich noch gar nichts mitbekommen habe), und zwei Bäume mit dem richtigen Umfang und Abstand sehe ich auch.

Die IT-ler sind sehr nett und interessiert. Als ich mich gesammelt habe, tauschen wir uns weiter aus, ich kriege noch ein Getränk in die Hand gedrückt und muss daran denken, dass ich gestern erst völlig flachlag – gestern! Die Tage dieser Reise sind so voll mit Erlebnissen, Wendungen und Überraschungen, dass ich vor Dankbarkeit niederknien möchte.

Die Nacht wird nicht ganz so ruhig wie erhofft. Die Angler stellen noch ein Zelt auf, und einer von ihnen fährt bis morgens um 5 Uhr mehrfach mit einem kleinen motorisierten Schlauchboot raus, um die Köder zu überprüfen, die an den Haken der weit im Wasser fixierten Leinen hängen. Irgendetwas scheint nicht so zu laufen, wie er es sich vorstellt, weshalb er leise, aber doch hörbar vor sich hin flucht. Schon am Abend haben die beiden ewig diskutiert, wie sie das am besten machen mit den Angeln. Erst habe ich ihnen zugehört, in der Hoffnung, etwas zu lernen, kam aber schnell nicht mehr mit und habe mir lieber die Sterne angesehen. Elbangeln scheint eine Wissenschaft zu sein, vielleicht machen die beiden aber auch nur eine daraus.

13

IN EINEM LAND VOR UNSERER ZEIT

Von Rühstädt über die Elbe bis Lauenburg

Von der Mündung der Havel nimmt die Elbe direkten Kurs auf Hamburg und die Nordsee. Sie macht zwar ihre Kurven und Windungen, aber jetzt ist klar, wo sie hinwill. Das Urstromtal, durch das sie fließt, entstand vor fünfzehn- bis zwanzigtausend Jahren, als die Gletscher Norddeutschlands schmolzen und sich gen Skandinavien zurückzogen. Im Tal der Elbe sammelte sich ihr Schmelzwasser. Dieses Urstromtal führt bis nach Helgoland. Damals lag der Meeresspiegel der Nordsee 120 Meter tiefer als heute.

Wie schon im Donaudurchbruch und in vielen anderen der Täler, die mir als Wege dienten, erfüllt mich auch hier eine tiefe Demut. Dieser Fluss hat eine so lange, bewegte Geschichte, nicht nur geologisch, sondern auch kulturhistorisch. Ich stelle mir gerne vor, wie es in einer Region ausgesehen haben mag, bevor die Industrialisierung begann. Und auf dem Elbabschnitt, den ich befahre, fällt das leichter als anderswo, weil kaum Autos, Züge, Straßen und Fabriken oder Schiffe zu sehen sind.

Als ich von meinem Nachtlagerplatz aufbreche, paddle ich in einen Tag hinein, der keine außergewöhnlichen Geschichten bereithält, aber die Verbindung zu dem, was mich umgibt, noch einmal ganz neu auflädt. Wobei: Geschichten spielen dabei auch eine Rolle, nur anders.

Meine Aufgabe – weiter flussabwärts zu paddeln – erfordert bei den aktuellen Umständen weder viel Fokus noch körperliche Höchstleistungen. Wenig Wind, keine Schiffe und viel Strömung auf einem breiten Fluss in tiefem Bett. Ich hätte also viel Raum, um mich noch einmal philosophisch zu fordern und die großen Fragen des Lebens zu bewegen. Da das jedoch schon vorher nicht funktioniert hat, lasse ich es gleich bleiben und verliere mich lieber in den Details der Natur.

Ich versuche wieder die verschiedenen Spielarten der Strömung zu entschlüsseln, die sich selbst auf einem so großen Fluss zeigen. Ich beobachte den Himmel, die Wildgänse und die Weidetiere am Ufer. Und ganz allmählich bugsiere ich mich in eine Zeit, zu der nicht nur die Industrialisierung weit weg war, sondern der Mensch nicht einmal in festen Gebäuden lebte. Eine Zeit, zu der er keine Informationen aus Übersee abrufen konnte und doch mehr wusste. Seine Strategie war einfach, aber alles andere als primitiv: Die Menschen waren da, sahen hin und hörten zu. Ich bin versucht zu glauben, dass sie die Natur, die sie umgab und ihre Lebensgrundlage war, hervorragend verstanden. Aber wahrscheinlich haben sie selbst nie so gedacht – da die Natur, hier wir. Das Land war keine Kulisse und nichts, was man besitzen konnte. Es war alles eins. Ging es dem Land gut, ging es auch den Menschen gut, ging es ihm schlecht, litten alle mit. Die Geschichten, die sie sich erzählten, waren voller Fantasie und rankten sich fast immer um Naturphänomene. Die Götter, die sie sich erdachten, waren ebenso Teil der Natur wie sie selbst. Der wichtigste Gott der Germanen, die auch diese Region besiedelten, war Thor, Gott des Donners. In der nordischen Mythologie spielte auch Yggdrasil eine bedeutende Rolle: eine immergrüne Esche im Mittelpunkt der Welt, die den gesamten Kosmos verkörperte.

Ich erinnere mich an ein Buch, das mich sehr bewegt hat. Es trägt den Titel *Nicht Wolf nicht Hund* und handelt von der Sicht nordamerikanischer Urvölker auf die Natur und das Leben, aber auch vom Umgang der »zivilisierten« Welt mit eben dieser Sicht. Es gibt darin eine Szene, in der Dan, ein uralter Lakota, den deutlich jüngeren weißen Nerburn fragt, ob er den Büffel dort hinten zwischen den Hügeln sehe. Nerburn blickt in die Richtung, in die Dan deutet, entdeckt aber nichts. »Schau noch einmal hin«, sagt Dan. Und als Nerburn sich wieder gen Hügel wendet, ist der Büffel da. Dan wusste, dass er auftaucht. Nicht weil er übersinnliche Kräfte besitzt, sondern weil er – über Jahrzehnte hinweg und schon von seinen Vorfahren – gelernt hat, seine Sinne einzusetzen, Informationen wahrzunehmen und zu verarbeiten, die anderen verborgen bleiben, und damit Ereignisse zu antizipieren. Oft erliegen wir der Versuchung, solche Geschichten als spirituell abzutun, verkennen dabei aber gänzlich ihre Kraft, weil wir spirituell als Gegenteil von wissenschaftlich oder faktenbasiert verstehen. Natürlich kennen indigene Völker so etwas wie Spiritualität. Sie steckt in ihren Geschichten und verwebt sich mit dem, was die scharfen Sinne wahrnehmen. Aber wir sind weit davon entfernt, das Vermächtnis, ja die Brillanz dieser Völker zu durchdringen.

Dennoch bekomme ich auf dieser Reise manches Mal eine Idee davon, welche fantastische, gutmütige Lehrmeisterin die Natur ist, und übrigens auch davon, wie Sagen und Mythen entstanden sein müssen. Was heute Social Media und Netflix ist, waren damals das Lagerfeuer und der Sternenhimmel. Dort oben spielten sich die Dramen ab, man musste sie nur manchmal erst erfinden.

So ein bisschen »Früher war alles besser«-Romantik tut immer ganz gut, aber bringt sie irgendetwas Konstruktives? So schlecht geht es uns ja heute nicht. Und habe ich nicht gesagt, ich will nicht philosophieren? Ich glaube, dass wir sogar sehr viel lernen können aus einer Zeit, in der wir uns als winzigen Teil eines gewaltigen, natürlichen Kosmos sahen und nicht als Herrscher darüber. Wir fühlen uns ja nicht zufällig wohl in der Natur, sondern weil wir immer ein Teil von ihr waren. Der amerikanische Schriftsteller Gary Snyder hat das wunderbar formuliert: »Die Natur ist kein Ort, den es zu besuchen gilt. Sie ist unser Zuhause.« Diese Sichtweise würde uns gerade gut zu Gesicht stehen. Und was ist mit mir? Ehrlich gesagt glaube ich mittlerweile wirklich, dass meine große Antwort in den kleinen Fragen liegt, oder anders: in genau dem, was die Menschen früher so viel besser konnten – voll da sein, mit allen Sinnen. Ist es nicht dieses simple und in unserer heutigen Welt doch so schwer umzusetzende Prinzip, aus dem Gutes entsteht? Schließlich bedeutet es auch, nicht mehr fünf Sachen auf einmal zu machen, während ich gedanklich ganz woanders bin als dort, wo ich mich gerade aufhalte. Es bedeutet, meine Umgebung, aber auch den Menschen, der mir gegenübersteht, wirklich wahrzunehmen, ihm meine volle Aufmerksamkeit zu schenken, seine Bedürfnisse zu sehen und zu hören. »Die Natur ist ein wunderbarer Spiegel. Wir können uns selbst in ihr erkennen.« Das hat Holger in unserem Podcastgespräch gesagt. Heute fühle ich es besonders intensiv.

Gegen Mittag erreiche ich Wittenberge und gehe an Land, um für die nächsten Tage einzukaufen. Mein Board ziehe ich über eine Rampe im Jachthafen aus dem Wasser und stelle es auf der Terrasse eines nahe gelegenen Restaurants ab. Darunter steht eine Art Container, der aussieht wie eine Packstation von DHL. Allerdings prangen drei andere große Buchstaben an der Seitenfläche: SUP. Neugierig sehe ich mir das Teil genauer an und erfahre, dass man dort vorab im Internet gebuchte Boards bekommt, um damit paddeln zu gehen – ein SUP-Automat. Als ich die Bitte lese, nicht auf der Elbe zu paddeln, sondern nur im Binnenhafen und auf der Stepenitz, die ein paar Meter entfernt in die Elbe mündet, muss ich schmunzeln. Aber ja, wahrscheinlich ergibt das Sinn. Wer ohne viel Erfahrung auf die Elbe schippert und dann gegen die Strömung zurückmuss, wäre sicher dankbar für einen Hinweis gewesen.

Für mich geht es nach dem Einkauf weiter flussabwärts. Ich paddle noch bis kurz vor Gorleben, wo ich in dem von meiner App ausgewiesenen Bereich einen einsamen Strand zum Übernachten finde. Zum ersten Mal bitte ich die beiden Bäume, an denen ich die Hängematte befestige, vorher um Erlaubnis, während ich meine Hand auf ihre Rinde lege. Natürlich höre ich keine Antwort, und wahrscheinlich bilde ich mir auch nur ein, so etwas wie ein Okay zu spüren, aber alleine diese kleine Geste des Respekts und der Aufmerksamkeit verändert etwas für mich. Vielleicht geht es dem Baum ähnlich. So wie mir, als die Nonne mir die Hand auflegte, um mich zu segnen.

Auch wenn ich weniger Menschen treffe als je zuvor auf dieser Reise, wird das Gefühl, kein Einzelgänger, sondern Teil von etwas zu sein, immer stärker. Mit diesem Gefühl rufe ich Jozef an.

Ich kenne Jozef schon lange. Er ist ein oder zwei Jahre jünger als ich, in der Slowakei geboren, lebt und arbeitet als Fotograf in Hamburg. Wir sind uns mal beruflich über den Weg gelaufen und mittlerweile gut befreundet. Jozef ist ein Outdoorbursche, wie er im Buche steht: Für die Abschlussarbeit seiner Fotografieausbildung hat er im Mount-Everest-Basislager Bergsteiger fotografiert, die vom Gipfel zurückkamen, er selbst ist schwierige Routen in ganz Europa geklettert. Außerdem hat er in den letzten Jahren ein altes Segelboot renoviert, um es kurz danach wieder zu verkaufen und sich einen überholungsbedürftigen

Land Rover zu besorgen – seine Frau und der Hund sind nämlich doch lieber an Land unterwegs. Ich frage Jozef, ob er Lust hat, einen Tag mit mir die Elbe hinunterzupaddeln. Unter den Eindrücken des heutigen Tages würde ich gerne Zeit mit ihm verbringen, ohne dabei eigentlich die ganze Zeit keine Zeit zu haben – wie es sonst dem Alltag geschuldet ist. Außerdem kann er mir mit seiner Segelerfahrung bestimmt ein paar hilfreiche Tipps für die Ostsee und Nordsee geben.

»Gerne! Übermorgen?« Ich wusste, dass ich bei Jozef nicht die Sorge haben muss, mit einer zwar netten, aber viel zu spontanen Idee zu kommen. Der Mann ist so unfassbar lösungsfixiert, dass er ein »Geht leider nicht« kaum kennt. Dass er kein Board hat, ist für ihn auch keine Hürde. Er kann ja noch bei uns zu Hause vorbeifahren und das nehmen, das in meinem Keller liegt. »Wenn du da schon bist«, sage ich, »kannst du dir vielleicht mal kurz die Bremse vom Rad meiner Tochter angucken?« Leider macht die nämlich wieder Probleme, und ich weiß, dass Jozef oft in der Fahrradwerkstatt eines Kumpels aushilft. Natürlich verspricht er mir, das zu checken. Teufelskerl. Wir verabreden uns grob zwischen Dömitz und Hitzacker und vereinbaren, dass ich ihm einfach morgen Abend meinen Standort schicke.

Dömitz hat 3.000 Einwohner. Zur Zeit der Germanen oder noch älterer Völker existierte der Ort noch nicht, wobei es natürlich sein kann, dass auch damals schon Menschen an diesem Uferabschnitt siedelten. Als ich dort an Land gehe, um Wasser nachzufüllen, komme ich mit einer alten Frau ins Gespräch, die gerade Himbeeren pflückt. Sie erzählt mir, dass sie mit acht Jahren in die Stadt kam, 1939. Bevor ich zu rechnen beginne, frage ich sie nach ihrem heutigen Alter. »Im April bin ich 90 geworden.« Sie ergänzt: »Feiern konnten wir aber erst vor ein paar Wochen, wegen Corona.«

Ich setze mein Gepäck ab, und sie nimmt mich mit auf einen wilden, sehr persönlichen Ritt durch die Vergangenheit des

Ortes: Die ersten Jahre ihres Lebens habe sie in Berlin verbracht, aber schon ihre Mutter sei in Dömitz groß geworden. Was die vom Leben in der Stadt vor dem Zweiten Weltkrieg erzählte, fällt heute schwer zu glauben. »Da war hier richtig was los. Paddler, Ruderer und Motorboote auf der Elbe. Außerdem kam ja alles, was man brauchte, auf Schiffen über die Elbe her. Und vor allem die Fabriken brauchten viel und schickten auch viel wieder los. Im Hafen war immer Hochbetrieb.« Eine Munitionsfabrik habe es gegeben, in der Tausende Beschäftigte arbeiteten, in jedem Haus ein Geschäft, ihre Mutter habe von Bällen und Konzerten geschwärmt. Sie selbst habe es miterlebt, als der Zweite Weltkrieg begann und schließlich mit vielen Bomben endete. »Unsere Mutter hat uns junge Mädchen in den letzten Kriegstagen Gott sei Dank nach Ludwigslust gebracht. Ich kenne viele schlimme Geschichten von dem, was die russischen Soldaten getan haben, als sie Dömitz übernahmen.« Ihre Stimme zittert.

Was nach dem Krieg kam, veränderte den ganzen Charakter der Stadt. Dömitz lag auf einmal im Sperrgebiet der DDR-Grenze. Nur wer einen Passierschein hatte, durfte die Stadt betreten. Die Elbe war nicht mehr zugänglich. Die Frau, der ich so fasziniert zuhöre, habe sich zwar anfangs noch oft mit einem Ruderboot über den Fluss paddeln lassen, um ihre Schwester zu besuchen, die sich auf die westdeutsche Seite abgesetzt hatte, aber irgendwann stand ein großer Zaun auf dem Deich. Viele hätten rübergemacht in diesen ersten DDR-Jahren, »meine Freundinnen und all die jungen Männer«. Für sie sei das nie infrage gekommen. »Ich war die Jüngste und musste bei Mutter bleiben.« Erst in den frühen Siebzigerjahren siedelte die Führung der DDR neue Industriebetriebe in Dömitz an und verstaatlichte einige ältere. Dadurch und durch die Stationierung vieler Grenzsoldaten sei wieder Leben nach Dömitz gekommen – auch wenn das angesichts der Todesopfer am streng bewachten Grenzfluss zynisch klingt. Im Jahr 1990 wurden Zaun und Grenze abgebaut, zumindest eine der beiden 1945 weggebombten Elbbrücken wieder rekonstruiert, aber die große Wende blieb aus. Wenn es eine gab, dann hin zur Tristesse. Heute sinkt die Einwohnerzahl, Häuser und Geschäfte stehen leer, Bälle gibt es keine mehr, und auf die Elbe soll man noch nicht einmal mit dem SUP.

Dömitz ist sicher nicht der einzige Ort in einer ländlichen Region, der seine besten Zeiten hinter sich hat, aber die Erzählungen der alten Frau lassen mich sein Schicksal auf einer emotionalen Ebene begreifen. Die Dame hat keinerlei nostalgische oder gar ostalgische Attitüde, aber selbst wenn es so wäre, könnte ich es ihr nicht verdenken. Als wir uns verabschieden, frage ich sie, wie sie es schafft, mit neunzig Jahren noch so munter zu sein. Sie antwortet ganz ähnlich wie der alte Herr, mit dem ich am Oberlauf der Saale auf der Bank saß: »Man braucht eine Aufgabe, und man muss sich bewegen.« Der Garten, der halte sie besonders auf Trab.

Bevor ich mich fortbewege, um mich wieder meiner Aufgabe zuzuwenden, fülle ich noch die Trinkflaschen am Außenwasserhahn auf. Als ich zurück auf der Elbe bin, überkommt mich Dankbarkeit, überhaupt hier paddeln zu können, ohne um mein Leben fürchten zu müssen.

Ich sauge die Wärme der Nachmittagssonne auf und bewege das Board mit kräftigen Paddelschlägen vorwärts, um noch ein paar Kilometer zu machen. Meine Lieblingsuferseite zum Übernachten ist momentan die rechte, weil dort die Chance auf Abendsonne am besten ist. Das linke Ufer liegt meist schon im Schatten, wenn ich den Paddeltag beende. Ausnahmen bestätigen dabei die Regel, denn wenn die Elbe einen engen Bogen macht, kann durchaus auch links zur Sonnenseite werden. Priorität hat aber natürlich die Beschaffenheit des Spots und die Frage, ob ich nicht gegen das Gesetz verstoße, wenn ich dort über Nacht bleibe.

Heute ist es mir wieder vergönnt, dass sich alle Faktoren auf eine Bucht am rechten Ufer vereinen. Die Bäume, die ich im Blick habe, stehen leicht erhöht hinter hohem Gras, aber über einen toten Baumstamm kann ich hinbalancieren, ohne die Vegetation niederzutrampeln. Die Stelle ist für Jozef von Land schwer zu erreichen, deshalb bitte ich ihn, morgen früh nach Bohnenburg zu kommen, einer flussabwärts gelegenen Siedlung, wo er das Board nur einmal über den Deich tragen muss.

Mein Auge für die richtigen Bäume ist inzwischen geschult. Die Hängematte hat wieder die optimale Spannung. Das ist wichtig, um bequem darin schlafen zu können. Spannt man sie zu straff, kann man nicht so gut diagonal liegen. Und diagonal liegen will ich unbedingt, weil ich nur dann nahezu in eine horizontale Position komme. Die meisten Menschen glauben, man liege in der Hängematte wie eine Banane, deren Enden jeweils zu einem der Bäume zeigen. Das kann man natürlich, gemütlich oder physiologisch sinnvoll ist es aber nicht. Hängt die Hängematte zu weit durch, komme ich allerdings auch mit der schönsten Diagonale nicht mehr aus der gedrungenen Banane raus. Ein bisschen lässt sich die Spannung immer über die Länge der Gurte justieren, aber der Abstand der Bäume muss schon stimmen. Auf anderen Touren habe ich beim Aufbau öfter mal ein Auge zugedrückt, darauf gehofft, dass es schon so passen wird – und mich dann nachts geärgert, mir nicht die paar Minuten Zeit genommen zu haben, um die Hängematte vernünftig aufzuhängen. Heute achte ich meist als Erstes darauf, sie gewissenhaft zu installieren, nachdem ich mich für einen Übernachtungsplatz entschieden habe. Das mag nerdig klingen, aber ohne genügend Schlaf kommt man nicht weit. Ohnehin ist mir der Umgang mit meiner Ausrüstung auch im Vergleich zum Beginn dieser Tour in Fleisch und Blut übergegangen. Alles hat seinen Platz, und liegen gelassen habe ich schon lange nichts mehr.

Schon am Abend ist der Himmel nicht so klar, wie ich es gewohnt bin, und morgens umhüllt dichter Nebel meinen Schlafplatz. Ich hänge vielleicht 15 Meter von der Uferkante entfernt, den Fluss dahinter erkenne ich kaum. Es gibt Nebel, der als flache Schicht wunderschön seicht über die Wasseroberfläche wabert, so wie ich ihn auf der Regnitz oder der Saalekaskade erlebt habe, und es gibt den Elbnebel, der alles verschluckt.

Ich wäge kurz ab, wie gefährlich es wäre, genau bei diesen Bedingungen aufs Wasser zu gehen, und entscheide mich dafür, obwohl fast alles dagegen spricht. Ich habe nur ein Argument, doch das ist ein unschlagbarer Joker: mein Gefühl. Ich baue die Hängematte ab, esse eine Kleinigkeit und gleite ins diffuse Nichts. Die Wahrscheinlichkeit, dass mir ein Schiff begegnet, ist gering, trotzdem entferne ich mich nur so weit vom Ufer, dass ich es noch erkennen kann. Verliere ich diesen Blickkontakt, werde ich mich kaum mehr orientieren können (wobei es sicher nicht so dramatisch wäre wie bei einem Whiteout im Schnee, wenn du nicht mal mehr weißt, wo unten und oben ist). Unten fließt die Elbe, daran gibt es nichts zu rütteln, ebenso wenig an der Richtung, in die sie fließt. Wie stark die Strömung ist, wird mir noch einmal bewusst, als aus dem Nebel direkt vor mir eine der säulenförmigen Bojen zur Markierung des Fahrwassers auftaucht. Mir gelingt es gerade so eben noch, seitlich an ihr vorbeizupaddeln. Durch den Nebel dringen die Schreie der Wildgänse, die ich nicht sehen kann. Ansonsten vernehme ich nur die Geräusche, die entstehen, wenn ich mein Paddel in das Wasser tauche.

Nach einer halben Stunde lichtet sich der Nebel, und es erscheinen nach und nach wieder mehr Umrisse auf meiner Uferseite. Irgendwann kann ich auch das andere Ufer sehen und dass die Elbe vor mir scharf nach links biegt. Bin ich schon an Bohnenburg vorbei? Der Nebel hat mich so eingelullt, dass ich gar nicht daran gedacht habe, mal auf dem Handy nachzuschauen, ob der Ort, an dem ich Jozef treffen will, sich dahinter versteckt.

Aber ich habe Glück: Bohnenburg liegt erst hinter der Biegung des Flusses. Als ich dort ankomme, hat sich der Nebel komplett verzogen. Häuser sind nicht zu sehen, sondern nur Deich. Aber dort oben läuft ein blonder Riese hin und her. Das kann nur Jozef sein.

Ich lenke das Board aus der Strömung heraus in das Kehrwasser hinter einer Buhne und ziehe es ans Ufer. Wie schön, hier draußen und immer noch ein ganzes Stück von zu Hause entfernt ein vertrautes Gesicht zu sehen. Jozef rödelt eifrig rum, will das Board startklar kriegen, um mich nicht aufzuhalten. Ich bitte ihn erst mal, sich zu setzen und mit mir aufs Wasser zu sehen.

Anfang August, als mein Alltag mich freigab, bin ich ähnlich hektisch losgezogen. Jetzt schlägt mein Herz ruhiger. »Wir haben Zeit«, erinnere ich ihn. Mir ist klar, dass ich an Anjas Geburtstag auf Sylt sein möchte, aber das ist kein Grund, nervös zu werden. Heute zählt das Zusammensein, zum Streckemachen bleiben noch genug andere Tage. »Ehrlich gesagt«, beginnt Jozef, »beneide ich dich dafür am meisten, richtig raus zu sein und in deiner eigenen Welt deinen eigenen Rhythmus zu finden.«

Jozef richtet mir Grüße von der Familie aus, berichtet von der reparierten Fahrradbremse und vom Land Rover, mit dem er gerade erst wieder in der Selbsthilfewerkstatt war, der ihn aber gut hergebracht hat. Den Wagen wird er stehen lassen und morgen Vormittag wieder abholen, je nachdem, bis wo wir kommen, am liebsten mit dem Bus.

»Morgen Vormittag?«, frage ich. »Ja, ich dachte, wenn ich schon da bin, dann bleibe ich auch über Nacht. Ich habe auch eine kleine Überraschung dabei.« Jozef grinst sein herrliches Lausbubengrinsen.

Nachdem wir eine Weile gesessen, geguckt und gequatscht haben, machen wir Jozefs Board fertig und tragen es runter ans Ufer. Zwar ist er ein erfahrener Segler, aber auf einem Brett war er noch nicht so oft auf dem Wasser. Und natürlich flößt die Strömung der Elbe einem Respekt ein, wenn man sie vom Ufer aus betrachtet. Aber von dem Moment an, in dem sie unsere Boards erfasst und uns flussabwärts schiebt, ist alles gut. Wir haben sogar Rückenwind. Gestern kam er noch von vorne (wie eigentlich jeden Tag, seit ich auf diesem Fluss bin), aber jetzt weht er aus Osten, nicht stark, aber doch so, dass wir auch gut vorankommen, wenn wir uns treiben lassen. Insgeheim will ich gar nicht, dass wir zu viel Strecke machen, denn Lauenburg ist gar nicht mehr so weit, und möglicherweise ist dies schon mein vorletzter Tag auf der Elbe, die ich so lieben gelernt habe.

Natürlich kenne ich sie aus Hamburg. Auch dort mag ich sie sehr und verbringe viel Zeit am Strand, der sich im Westen Hamburgs auf der rechten Uferseite entlangzieht. Dort haben wir seit zwölf Jahren einen alten Wohnwagen stehen und viele unvergessliche Momente erlebt. Schon mehrmals bin ich von Hamburg aus weit Richtung Cuxhaven gepaddelt. Aber die Elbe, die ich hier erlebe, bevor sie Korridor zum Hamburger Hafen und Industrieweg wird, ist eine ganz andere, viel ursprünglichere.

Schon bald erreichen wir Hitzacker, die heimliche Hauptstadt des Wendlands, das auf der südlichen Uferseite bis zur Lüneburger Heide reicht. Die Region ist vor allem wegen der Proteste gegen die Endlagerung von radioaktivem Müll in einem stillgelegten Salzstock bei Gorleben bekannt. Vor gut vierzig Jahren richtete sich der öffentliche Blick erstmals auf die Antiatomkraftbewegung hier, seitdem hat sie immer wieder Menschen angezogen, die umweltbewusst und anders – manche nennen es alternativ – leben wollen. Viele von ihnen sind geblieben und vielleicht auch ein Grund dafür, dass Hitzacker mit seinen kleinen Bioläden und Kunsthandwerkateliers deutlich lebendiger wirkt als Dömitz auf der anderen Seite der Elbe.

Ich war im letzten Jahr schon mal hier, als ich mit Anja und den Kindern von unserer Haustür aus eine Woche lang die Elbe flussaufwärts geradelt bin. Ich weiß, dass ich hier einige Lebensmittel bekomme, die es im Netto in Wittenberge nicht gab, also paddeln Jozef und ich direkt hinter der kleinen Fußgängerfähre in den Mündungsbereich der Jeetzel hinein und biegen links in den Jachthafen ab, wo wir anlegen. Die Altstadt Hitzackers ist eigentlich eine Insel – die Jeetzel teilt sich auf, nachdem sie den Hitzackersee durchlaufen hat, und fließt rechts und links am historischen Ortskern vorbei. Wir laufen durch die gepflasterten Gassen, und ich besorge Mandelmilch und Currymischungen.

Auf dem Rückweg zum Jachthafen plärrt auf einmal Gute-Laune-Pop über den Marktplatz. Die Musik kommt aus dem Lautsprecher auf dem Dach eines Transporters, zwischendrin ruft jemand etwas in ein Megafon. Es scheint mit den anstehenden Kommunalwahlen zu tun zu haben, jedenfalls drückt uns eine junge Frau einen Flyer in die Hand, auf dem fett »KalliEco wählen!« steht. Natürlich haben wir keine Ahnung, wer oder was KalliEco ist, aber schon die ersten Zeilen des Flyers bestätigen meine Vermutung, dass wir ein wunderbares Beispiel für das einzigartige Wendlandflair vor uns haben: »Kalli kommt von Kallistik, der Lehre des Schönen, Eco steht für Ökologie. Schön und öko, das macht Sinn! Wir bringen vom Michaelshof in Sammatz die Idee des grünen und schönen Dorfes in die Politik.« Der nächste Abschnitt gefällt mir besonders: »Wir lieben die Natur und wollen sie vor der Zerstörung bewahren. Aber wir glauben nicht, dass man den Menschen dafür rausschmeißen muss. Gemeinsam mit der Natur vorwärts – so muss es sein!«

Zurück im Jachthafen verstaue ich meinen Einkauf, und unter den verwunderten Blicken einiger Spaziergänger paddeln wir wieder hinaus auf den breiten Strom gen Nordsee. Am linken Ufer erhebt sich die Landschaft, und dicht bewaldete Hänge ziehen sich sanft gen Septemberhimmel.

Ich will Jozef die Möglichkeit geben, all das hier auf sich wirken zu lassen und ihn nicht zuquatschen. Stilles Erleben hat großen Anteil an der Kraft, die ich aus meiner Reise ziehe. Aber natürlich will Jozef auch wissen, was ich gesehen habe und wie es mir ergangen ist in den letzten Wochen. Der Raum um uns herum ist so groß und der Tag so lang, dass beides drin ist.

Als ich erzähle, bin ich erneut baff, welche Landschaften ich durchqueren durfte, wie viele Hundert Kilometer ich bereits gepaddelt und gelaufen bin. In wenigen Tagen könnte ich zu Hause sein und hätte mich aus eigener Kraft und autark von der Zugspitze bis nach Hamburg durchgeschlagen. Aber Hamburg ist ja nicht mein Ziel. Ich will nach Sylt, und zwischen Hitzacker und dem nördlichsten Punkt Deutschlands liegen noch etliche Herausforderungen – vielleicht größere als die, denen ich bislang begegnet bin. Zwischen hier und der Insel befinden sich aber auch noch einmal landschaftliche Höhepunkte, auf die ich mich so sehr freue, dass meine Ankunft und damit das Ende dieser Reise in meinen Gedanken gar nicht stattfindet.

Am frühen Abend finden wir, eingerahmt von hohen Bäumen, einen kleinen Strand zum Übernachten. Die am heutigen Tag kurzfristig gestiegenen Anforderungen – richtige Bäume im richtigen Abstand für *zwei* Hängematten – führen dazu, dass wir auf der Schattenseite landen.

Ich brenne darauf, Jozefs Einschätzung zu meiner geplanten Route entlang der Ostsee und dann rüber zur Nordsee zu hören, aber erst mal verrät er mir seine Überraschung. »Dein Kocher bleibt heute mal kalt«, sagt er und zieht neben einem Topf eine Packung Nudeln und irgendetwas anderes aus seinem Rucksack, das ich nicht genau erkennen kann. »Bei uns zu Hause in der Slowakei gab es früher oft Kartoffelnudeln mit Mohnbutter nach einem uralten Rezept. Das wollte ich eigentlich heute für dich machen.«

»Warum ›eigentlich‹?«, frage ich. »Na ja«, antwortet Jozef »ich hab keine Zeit gehabt, das vorzubereiten, also gibt's normale Nudeln mit Mohnfertigbackmischung. Dürfte 'ne Menge Zucker drin sein, aber Hauptsache, Energie, oder?« Wir müssen beide lachen, und in der Tat ist es mir heute egal, wo die Kalorien herkommen.

Während Jozef die pseudoslowakische Spezialität auf seinem Kocher zubereitet, sprechen wir über die Bedingungen auf der Ostsee im September. Entscheidend werde der Wind sein, sagt mein Freund. Wenn er von Nordost, also vom Meer blase, bauen sich oft Wellen auf, die man der Ostsee gar nicht zutraue und die mit voller Wucht auf die Küste treffen. Komme der Wind vom Land, könne er mich schnell abtreiben. In den letzten drei Jahren sei er immer im September auf der Ostsee gesegelt, erzählt Jozef, und jedes Mal sei er mehrfach in kurze, heftige Gewitter geraten. Aber das bedeute natürlich nicht, dass es auch dieses Jahr so sein müsse. Momentan sei das Wetter ja außergewöhnlich stabil für diese Zeit. »Sagen wir mal so«, setzt Jozef zu einem Zwischenfazit seiner laut ausgesprochenen Gedanken an, »ich bin ein größerer Schisser als du und würde beim Queren der Eckernförder Bucht oder der Kieler Förde möglichst lange nahe am Ufer fahren. Aber das kannst du nur von Tag zu Tag abwägen. Ach ja, und unterschätz die Schiffe nicht, die Ostseefähren, die nach Schweden, Norwegen oder ins Baltikum fahren, das sind riesige Pötte.«

Als die Nudeln fertig sind, gießt Jozef das Wasser ab und gibt die Backmischung sowie etwas Butter in den Topf. Kurz darauf haben wir beide eine große Portion warmen Mohnkuchen auf dem Teller – zumindest schmeckt die Eigenkreation genauso. Wir schweigen eine Weile, zum einen, weil wir direkt Nudeln nachschieben, zum anderen, weil man nicht immer reden muss.

Dann kommt Jozef auf meine Route zurück: »Ich glaube, es ist schlau, über die Ostsee hochzupaddeln. Vielleicht ist die Strecke länger, aber wenn du die Elbe bis zur Mündung und dann die Nordsee hochfahren würdest, das wäre fast unmöglich mit den Gezeiten und Strömungen. Da kannst du ja immer nur ein paar Stunden paddeln, und dann ist das Wasser wieder weg, außerdem haben die Wellen noch mehr Wumms.«

»Was ist mit Sylt?«, will ich wissen, »glaubst du, das ist machbar, direkt vom Festland rüber zum Lister Ellenbogen zu paddeln?«

»Da wird das Wasser relativ ruhig sein, weil ja Sylt davor liegt, und Sylt ist ein schöner, langer Wellenbrecher. Wenn du bis da oben gekommen bist, wird dich die letzte Überfahrt nicht mehr stoppen. Du darfst nur nicht in die Strömung zwischen Sylt und Rømø geraten, die ist heftig.« Wir fachsimpeln noch weiter über Tiden, Sandbänke und Übernachtungsplätze, bis wir von der aufziehenden Kälte sachte darauf hingewiesen werden, dass es Zeit ist, schlafen zu gehen.

Im Gegensatz zum nebelschwangeren Morgen vor Bohnenburg ist der folgende klar und im besten Sinne spätsommerlich. Ich wasche mich und meine Klamotten im Fluss, in der Hoffnung, dass die Sonne sie tagsüber auf dem Board trocknet. Jozef checkt auf dem Handy, von welcher Stelle er eine gute Chance auf einen Bus zu seinem Auto hat. »Okay, das wird spannend«, sagt er, als ich Shirts auswringend zurück an den Strand komme, »ich glaube, ich gehe am besten schon an der Fähre bei Darchau raus, sonst wird das ’ne Weltreise zurück.« Darchau ist nicht mehr weit, und so werde ich schon früh wieder alleine sein.

Wir lassen uns Zeit beim Zusammenpacken, achten penibel darauf, dass auch ja nirgendwo mehr ein Verpackungsschnipsel oder anderer Müll herumliegt, dann legen wir ab zu den letzten gemeinsamen Kilometern. Kurz vor der Fähre steht am rechten Ufer ein erstaunlich gut erhaltener ehemaliger Wachturm der DDR, wahrscheinlich eine Art stilles Mahnmal. Für Jozef, dessen Heimat ebenfalls bis 1989 unter kommunistischer Alleinherrschaft litt, ein ganz besonderes Gefühl. »Wäre damals nicht der Eiserne Vorhang gefallen, würden wir nirgendwo zusammen paddeln«, sagt er. Ich frage erst mich und dann Jozef, ob eine Entdeckerseele wie er überhaupt eine Rolle gefunden hätte in einem abgeschotteten Land oder ob er mit allen Mitteln versucht hätte, rauszukommen. Wir werden es wohl beide nie wissen – und das ist gut.

Vierundzwanzig Stunden nachdem wir uns getroffen haben, verabschieden wir uns wieder. Noch bevor ich die Beine vom Board baumeln lassen und einen Energieriegel zu Mittag essen werde, wird Jozef wieder in Hamburg an seinem Rechner sitzen und die Fotos sortieren, die er am vergangenen Wochenende für ein Segelmagazin geschossen hat – vorausgesetzt, der Bus kommt.

»Verlier das Flussgefühl nicht so schnell!«, rufe ich ihm nach, als er Kurs auf die Rampe der Fähre nimmt, die gerade auf der Gegenseite anlegt. »Und du, denk dran, dass du auf einem Gummiboard stehst und nicht auf einem Hightechschiff!«, ruft Jozef zurück. Ich kann es zwar nicht erkennen, bin mir aber sicher, dass er dabei wieder grinst, als hätte er seiner Tante die letzten Mohnnudeln vom Teller stibitzt.

Ich paddle an diesem Tag noch bis kurz vor Lauenburg. Die einzigen Personen, mit denen ich auf dem Weg spreche, sind ein junger Vogelbeobachter, der witzigerweise auf dem Hof lebt, wo die KalliEco-Partei gegründet wurde, und die Frau in einem Gartencafé irgendwo hinterm Deich, die mir die Trinkflaschen auffüllt. Noch einmal ziehen die Wildgänse über den Fluss, und noch einmal gleite ich an kräftigen Rindern vorbei, die tiefenentspannt an der Uferkante grasen. Die Elbe hat einiges getan, um mich aufzuladen für das nächste Kapitel dieser Reise. Ich fühle mich bereit für alles, was kommt. Ob ich es auch bin, wird sich zeigen. Anja und den Kindern bin ich jetzt auch geografisch so nah wie noch nie. Rund 50 Kilometer Luftlinie sind es bis in die Betten, in denen sie wahrscheinlich schon liegen, als ich die Augen schließe. Morgen geht es auf den Kanal nach Lübeck. Ach, Strömung, ich fürchte, ich werde dich sehr schnell vermissen.

14

MEERES-RAUSCHEN

Über den Elbe-Lübeck-Kanal und die Trave auf die Ostsee

In der alten Schifferstadt Lauenburg war ich zum ersten Mal im Alter von zehn Jahren, auf Klassenfahrt in der Fünften. Der neuere Teil Lauenburgs sitzt hoch oben auf einem Geestrücken, nur ein schmaler Streifen uralter Gebäude und Gassen schmiegt sich weiter unten elbnah an den Hang – ein wunderbares Kleinod, das wie so viele Herzen kleinerer Orte leider nicht mehr sonderlich lebendig wirkt. Ein schönes Café gibt es, dahin haben wir im vergangenen Herbst sogar noch einen Ausflug in großer Runde gemacht, den letzten, bei dem Anjas Vater dabei war.

Nachdem ich die 5 Kilometer gepaddelt bin, die mir auf der Elbe noch vergönnt sind, gleite ich unter einer stählernen Brückenkonstruktion hindurch auf die Fachwerkhäuschen zu.

Rechts sehe ich am Ende eines beschaulichen Hafenbereichs schon den Kanal, der die Elbe mit Lübeck verbindet und mich auf die Ostsee tragen soll. Vorher will ich aber noch in dieses Café – als Abschiedszeremonie für die Elbe und weil es da so verdammt leckeres Frühstück mit Biorührei gibt.

Dies ist der siebenunddreißigste Tag meiner Reise. In zweieinhalb Wochen hat Anja Geburtstag, und wenn alles gut läuft, werde ich genau dann den nördlichsten Punkt Deutschlands ganz oben auf Sylt erreichen. So langsam beginne ich zu rechnen, aber wie ich es auch drehe und wende: Es gibt keinen Grund, sich Stress zu machen.

Ich bin so früh dran, dass das Café noch geschlossen hat. Also setze ich mich auf eine Bank an einem kleinen, zum Fluss hin offenen Platz, schließe die Augen und lasse mir die Morgensonne ins Gesicht scheinen. Ein knappes, aber freundliches »Moin« lässt mich blinzeln. Ein Handwerker hat sich auf die Bank neben mir gesetzt und packt eine Stulle aus. Wir unterhalten uns eine Weile, und er erklärt mir, warum der Daumen der Bronzestatue, die in der Mitte des Platzes steht, das Einzige an ihr ist, was wirklich bronzen glänzt. Alles andere am »Elbrufer« – so heißt das Symbol für die lange Tradition der Schifffahrt – ist nämlich mit grünlicher Patina überzogen. »Na ja, die Leute reiben am rechten Daumen, weil's Glück bringen soll. Ist bei der Eulenspiegelstatue in Mölln auch so.« Er zuckt mit den Schultern. Ich bin kein Freund von Aberglauben und finde, ich habe auch so genug Glück. Vielleicht sollte man die Glück bringenden Stellen in regelmäßigen Abständen durchwechseln, dann stünde der Elbrufer sauberer da.

Das Frühstück hält, was ich mir von ihm versprochen habe. Ich bleibe fast zwei Stunden, um nicht nur meine körperlichen, sondern auch die elektronischen Akkus bei der Gelegenheit gleich vollzuladen, dann ziehe ich mein Board zur ersten Schleuse des Kanals, die am Ende des Lauenburger Hafens liegt.

Dass sie dort auf Wasserwanderer eingestellt sind und es entsprechende Ein- oder Ausstiege gibt, erwarte ich gar nicht, aber ich gehe davon aus, dass ich wie auf der Saale über das Gelände spazieren und hinter dem Schleusenbecken irgendwo wieder aufs Wasser gelangen kann. Diese Einschätzung erweist sich jedoch als Irrtum. Ich bin schon auf halber Höhe des Schleusenbeckens, als ein Außenlautsprecher knackt und eine sehr resolute männliche Stimme ertönt: »Der Stand-up-Paddler: bitte sofort das Gelände verlassen.« Ich drehe mich um, sehe zur Steuerungskabine hoch oben über dem hafenseitigen Schleusentor und rufe zurück, dass ich gleich wieder weg bin, niemanden störe und wisse, was ich tue, bemerke dann aber, dass die graue Box, aus der die Stimme kam, keine Gegensprechanlage ist, sondern tatsächlich nur ein Lautsprecher, um Befehle zu erteilen. Wahrscheinlich haben sie mich extra laufen lassen, bis ich vor ihm stehe. Ich versuche es noch einmal mit Armbewegungen, die ein »Kommt schon!« ausdrücken sollen, aber das Einzige, was ich höre, ist eine Wiederholung: »Bitte verlassen Sie sofort das Schleusengelände.« Das fängt ja gut an.

Ich habe überhaupt kein Interesse daran, geschleust zu werden – das würde mit Wartezeiten viel länger dauern, als einfach das Board um die Schleuse herumzutragen –, aber ich wäre hier einfach ganz gut und vor allem direkt auf den Kanal gekommen. So muss ich erst mal ein Stück an der Bundesstraße entlanglaufen, ehe ich einen Zugang finde, und mein Board mit dem Gepäck eine steile Böschung hinunterschaffen.

Es ist sinnlos, sich in solchen Situationen aufzuregen. Ändert ja nichts. Und das Wetter ist grandios. Sobald ich auf dem Wasser bin, ziehe ich alles aus bis auf meine Boardshorts und setze mich in Bewegung Richtung Ostsee. Gut 60 Kilometer sind es bis Lübeck, dann noch mal knapp 30 über die Trave bis zum Meer. Wie der Main-Donau-Kanal überwindet auch der Elbe-Lübeck-Kanal mit seinen insgesamt sieben Schleusen einen

Höhenzug – der hier in Norddeutschland natürlich sehr viel beschaulicher ausfällt. Aber als der Kanal im Jahr 1900 eröffnet wurde, war er der erste Wasserscheidenkanal Europas. Seinen Vorgänger, den Stecknitzkanal, gab es da schon über fünfhundert Jahre. Aber wie auf allen Wasserstraßen, die ich bisher gepaddelt bin, spielt der Frachtverkehr auch hier kaum noch eine Rolle. Wenn mal ein Schiff vorbeidümpelt, dann ist es ein Segel- oder Motorboot, das von der Ostsee kommt oder dort hinwill. Der Elbe-Lübeck-Kanal ist klein und verträumt. Jozef hat mir erzählt, dass der Kapitän eines holländischen Flusskreuzfahrtschiffes einmal meinte, es sei eine gute Idee, über ihn auf die Ostsee zu cruisen. Funktioniert hat das am Ende nur, weil die Crew jedes Mal das Oberdeck räumte, wenn es galt, unter einer Brücke hindurchzukommen.

Auch auf der Elbe hat sich ja nicht viel Spektakuläres ereignet, aber der Kanal fordert meine Meditations- und Genügsamkeitsfähigkeiten so richtig. Keine Wildgansschwärme mehr, keine Adler, keine Strömung. Müll ist kaum welcher im und am Kanal, weil man ja auch schwer an ihn herankommt. Es gibt weder Badestellen noch Grillbuchten, aber das stehende Wasser macht trotzdem einen dreckigen Eindruck. Hin und wieder sind Radfahrer auf dem Sandweg entlang des Kanals unterwegs, in der Nähe von Ortschaften auch Gassigeher, aber das ist auch das Aufregendste, was passiert.

Ich finde mich damit ab, dass die Strecke, die ich an einem Tag zurücklege, viel geringer ist und deutlich härter erarbeitet werden will als auf der Elbe oder der Saale. Und da die Sache mit den Schleusen so weitergeht, wie sie begonnen hat, das Raus aus dem Kanal am Abend, die Schlafplatzsuche und das Rein am Morgen nicht minder mühsam werden, brauche ich drei Tage, bis ich vor den Toren Lübecks stehe.

Auf der Trave hingegen ist die Hölle los: Ausflugsschiffe tuckern an den Sehenswürdigkeiten vorbei, Ruderer reißen mit dem Rücken zur Fahrtrichtung ihr Training ab (was an engen Stellen manchmal schwierig ist, weil sie Gegenverkehr nicht sofort sehen), juchzende Touristen drehen mit kleinen, aber für diesen Zweck eigentlich immer noch viel zu großen Mietmotorbooten ihre Runden. Möwen kündigen offenes Gewässer an, und ich bilde mir ein, dass auch die Luft schon nach Ostsee riecht.

Ich paddle vorsichtig durch eine Ruderveranstaltung in einen Seitenarm der Trave hinein, an historischen Segelschiffen vorbei, die vor bunten Häuserzeilen liegen, und gehe an einer terrassenartigen Plattform an Land, um mir im Eckcafé auf der anderen Straßenseite Fish & Chips zu holen und den nächsten Supermarkt zu suchen.

Nachdem es in den vergangenen Tagen immer sonnig war, zieht sich der Himmel jetzt etwas zu. Mitten im Zentrum einer solch quirligen Stadt will ich mein Board nicht einfach im Wasser liegen lassen, also muss es mit. Für den Supermarkt ist es aufgebaut aber natürlich zu groß, weshalb ich mir vor dem Eingang jemanden suche, der kurz ein Auge darauf hat, bis ich wieder rauskomme. Das hat bislang immer geklappt, und auch heute bekomme ich Hilfe vom Verkäufer einer Straßenzeitschrift. Ich decke mich ein, bringe dem Aufpasser den frischen Kaffee mit, um den er gebeten hat, und lenke mein Expeditionsgespann wieder zum Ufer.

Zurück auf dem Wasser, habe ich das Gefühl, die Ostsee hätte eine lange Leine nach mir ausgeworfen, die sie jetzt langsam einholt. Obwohl mir leichter Wind entgegenweht, zieht es mich förmlich nach vorne. Auf der Trave ist so viel Schiffsverkehr, wie ich ihn auf dieser Reise überhaupt noch nicht erlebt habe. Ich bin mittlerweile überaus vertraut mit meinem Board und habe keine Angst vor größeren Schiffen und ihren Bug- oder Heckwellen, aber ich tue sicher gut daran, hier nicht den Platzhirsch zu mimen, sondern mich dort einzuordnen, wo mein Board der Größe nach rangiert: ganz unten.

INDIANA
SUP

Jozef hat mir einen Uferabschnitt an der Trave empfohlen, der sich gut zum Übernachten eignen könnte, und tatsächlich finde ich dort, unweit der Ostsee, einen Platz mit Südseeflair. Spätestens als die Hängematte hängt und ich mir eine Banane von dem großen, gerade erworbenen Bündel abbreche, bin ich wieder Robinson Crusoe. Endlich ist das Wasser auch wieder so klar, dass ich gerne hineinsteige.

Am folgenden Morgen paddle ich weiter gen Travemündung. Je näher ich ihr komme, desto größer werden die Schiffe. Als nur noch die Halbinsel Priwall zwischen mir und der Ostsee liegt, windet sich die Trave noch einmal nach links und verengt sich auf 200 bis 300 Meter. Als ich von der Saale auf die Elbe kam, erschienen mir 200 Meter noch gigantisch, aber da waren auch nicht zig Schiffe auf einmal unterwegs und die Ufer mit riesigen Verladearealen bebaut.

Gleich am Eingang des Nadelöhrs liegt das Terminal für die großen Ostseefähren. Ich muss an einem blau-weißen Monstrum der Finnlines vorbei, das an der riesigen Kaimauer längs vor Anker liegt. Ich darf aber auch nicht zu weit in die Mitte der Fahrrinne geraten, da ist viel zu viel Betrieb. Wenn dieser Gigant unvermittelt losfährt, während ich in seiner Nähe bin, habe ich ein gigantisches Problem. Also beobachte ich, was um die Fähre herum passiert, sehe, dass noch Container eingeladen werden, und nehme das als Go, um mein Heil mit schnellen, kräftigen Schlägen in der Flucht nach vorne zu suchen.

Auf diese Weise schiebe ich mich Schritt für Schritt und Schiff für Schiff näher an den kleinen grünen Leuchtturm heran, der den Übergang von der Trave zur Ostsee markiert. Es ist Samstag, und im Segelrevier hinter der Travemündung kreuzen jede Menge Boote. Als ich den Leuchtturm passiere, halte ich mich deshalb links und paddle raus aus dem Gewimmel, in dem ich der Kleinste und Schwächste bin.

Ich habe es auf die Ostsee geschafft. Glücklich lege ich das Paddel aus der Hand, setze mich hin – die Beine rechts und links im Wasser – und esse zur Feier des Tages gleich zwei Riegel, während die Wellen das Board sanft auf und ab bewegen.

Ich halte mich an die Küstenlinie. Im Prinzip ist das in Sachen Navigation bis hoch nach Flensburg das Einzige, was ich tun muss. Buchten kürze ich ab, wenn es die Bedingungen erlauben. Ich lasse den Travemünder Strand hinter mir, das Steilufer, das sich nördlich an ihn anschließt, und ziehe mein Board am Nachmittag auf den Strand von Niendorf, um mich auszuruhen und mir Gedanken über die Übernachtungssituation zu machen. Der komplette Küstenabschnitt vor mir ist durchgehend touristisch bebaut: Hotels, Promenaden, Eiscafés und Camp-David-Läden. Es gibt zwar Strände, aber an denen läuft immer jemand rum, und Bäume für meine Hängematte werde ich dort auch nicht finden. Ich schaue mir die Umgebung über die Satellitenansicht auf Google Maps an, komme damit aber auch nicht weiter und entscheide, ein Stück an Land zurückzulegen, wo ich vielleicht eher eine Möglichkeit ausmache als vom Wasser aus.

Am Hafen zwischen Niendorf und Timmendorf erzählt mir der Inhaber eines Restaurants von einem Vogelpark, der sich auf der anderen Seite der Küstenstraße befindet. Dort gebe es einen riesigen Parkplatz mit Bäumen drum herum. Weil das keine 300 Meter entfernt ist, will ich es mir zumindest ansehen. Und auch wenn er nicht im Ansatz an meine letzten Übernachtungsspots herankommt – so schlecht ist der Ort bei genauer Betrachtung gar nicht. Okay, die Ausmaße des Parkplatzes sind enorm, aber da er auch als Wohnmobilstellplatz dient, gibt es im vorderen Bereich sogar eine Toilette und einen Waschraum. Ganz am anderen Ende finde ich tatsächlich zwei Bäume, die sich für die Hängematte eignen würden. Es stehen sicher 100 Autos herum, die sich aber einigermaßen auf ihm verteilen

(so viel zu den Ausmaßen). Und ich gehe stark davon aus, dass fast alle spätestens um 22 Uhr weg sein werden. Im Vogelpark, der noch mal 300 Meter Fußweg durch Wald und Wiesen entfernt ist, werden ohnehin die wenigsten Besucher sein. Die meisten halten sich vermutlich am Strand auf, gehen nach Sonnenuntergang maximal noch was essen und fahren dann wieder nach Hause. Ich kann ja nicht jede Nacht den Traum von Natur pur leben.

Die Bäume stehen recht weit auseinander, was bedeutet, dass ich die Befestigungsgurte der Hängematte auf eine größere Länge einstellen muss als gewöhnlich. Damit die Hängematte dann aber nicht auf dem Boden schleift, muss ich die Gurte so hoch wie möglich um die Bäume zurren. Das kommt nicht zum ersten Mal vor, aber diese Bäume sind dünn und glatt. Mit Mühe und Sprungkraft gelingt es mir, den ersten Ast eines Baumes zu greifen und mich daran hochzuziehen. Dann presse ich die Beine von beiden Seiten fest gegen den Stamm. Lange kann ich mich so nicht halten, aber es sollte reichen, um den Gurt zu befestigen. Plötzlich kracht es zweimal: erst, als der Ast bricht, und kurz darauf noch einmal, als ich rücklings auf den Boden aufschlage beziehungsweise halb auf dem Board unter mir und halb im hohen Gras, das vom Graben 2 Meter weiter rüberwuchert. Ich bin unverletzt, das Board anscheinend auch, nur einen großen Teil des Gepäcks, das noch auf dem Board lag, muss ich aus dem Gras sammeln. Die Vorstellung, wie meine Aktion ausgesehen hat, lässt mich auflachen. Immer wieder schüttele ich den Kopf und amüsiere mich über meine Slapstickeinlage. Normalerweise prüfe ich vorher genau, ob ein Ast mich hält, aber dass dieser morsch war, ist mir in der Dämmerung nicht aufgefallen. Aber ich habe heute auch nicht vorher gefragt, ob das klargeht mit dem Aufhängen der Hängematte. Als ich mich entschuldigt und das nachgeholt habe, gelingt es mir doch noch, die Hängematte ordentlich aufzuhängen. Es ist erst 20 Uhr, als ich mich hinlege. Liegen erscheint mir besser als Sitzen, und Aussicht gibt's ja nicht.

Etwas entfernt macht jemand Musik oder spielt ein Livealbum ab. Der Sound wummert ziemlich, und ich hoffe, dass der Parkplatz am Sonntagabend nicht genau deswegen von der Jugend der umliegenden Dörfer aufgesucht wird. Aber als es später wird und die Umgebungsgeräusche leiser, erkenne ich eine Stimme und Melodien, die mir bekannt vorkommen. Und ich höre Menschen jubeln. Eine Blitzrecherche im Handy bringt Gewissheit: Auf einer großen Open-Air-Bühne am Timmendorfer Strand, gut einen Kilometer Luftlinie von meinem Parkplatz, spielt Rea Garvey. Das erklärt auch, warum noch immer so viele Autos hier stehen. Ich nehme die Gutenachtmusik gerne mit und schlafe erstaunlich gut.

Neun Stunden nach Konzertende stehe ich wieder mit gepackten Sachen im Hafen. Ich überprüfe noch mal, ob alles da ist, wo es hingehört, und stelle fest, dass der kleine neongelbe Trockensack mit meiner Powerbank sowie verschiedenen wichtigen Kabeln und Steckern fehlt. Ich wühle alles durch, finde ihn aber nicht. War auch mal wieder Zeit, dass ich etwas liegen lasse. Plötzlich schießt mir die Szene von gestern Abend durch den Kopf: die Hängematte, der Ast, der Sturz auf das Board! Vielleicht war ich diesmal gar nicht dämlich, sondern einfach nur blind. Ich laufe noch einmal zurück zum Parkplatz – und tatsächlich: Aus der Tiefe des Grases, fast im Graben, leuchtet etwas Neonfarbenes.

Mit etwas Verspätung bin ich auf dem Wasser und quere die lang gezogene Bucht zwischen Niendorf und Neustadt. Entweder es ist ein reines Ostseephänomen, oder die Großwetterlage hat sich geändert, jedenfalls ist der Himmel grau, und der Wind bläst unangenehm von Westen, also genau von der Seite. Das nervt vor allem deshalb, weil ich ständig gegensteuern muss, damit sich die Nase meines Boards nicht vom Wind wegdreht.

Sobald ich einen Schlag auf der linken Seite mache, passiert nämlich genau das, also paddle ich nur und ausschließlich rechts.

In Neustadt mache ich Pause. Ich habe von hier aus zwei Möglichkeiten: immer weiter an der Küste über den Fehmarnsund, dem Meeresarm zwischen der Insel Fehmarn und dem Festland, oder über Land bis zum Weissenhäuser Strand in der zweiten größeren Bucht dahinter. In Zahlen: rund 80 Kilometer auf der Ostsee oder 35 Kilometer zu Fuß. Der Wetterbericht verheißt eher noch mehr Wind für die nächsten Tage, also entscheide ich mich für den Fußweg.

Am Anfang meiner Reise hätte ich das Board für eine solche Strecke wahrscheinlich zusammengepackt, heute bin ich pragmatischer und schnalle einfach den Bootswagen drunter, alles andere obendrauf und bin startklar. Ich wandere auf Radwegen durch die erstaunlich hügelige Landschaft, vorbei an Schleswig-Holsteins höchster Erhebung, dem Bungsberg, einem 167-Meter-Gipfel. Die Nacht verbringe ich in einem Waldstück, durch das eine Bahnstrecke führt. Der Gleisübergang ist abenteuerlich: keine Schranke, dafür direkt vor und hinter den Gleisen diese versetzten Geländer, die oft an Fahrrad- und Fußwegen zu finden sind. Mit dem Rad bremst man da kurz ab, schlängelt sich durch, und das war's, für mein fast 5 Meter langes Gespann sind sie echte Hindernisse. Ich muss das Board über das Geländer hieven, was mit dem schweren Gepäck drauf und dem Bootswagen drunter kaum möglich ist. Ich hebe also die Nase des Boards an, sodass ich sie auf das Geländer legen und darauf nach vorne schieben kann. Das geht nicht beliebig weit, weil irgendwann das Heck auf dem Boden aufsetzt. Dann stemme ich das Board hinten hoch, schiebe es so weit, bis der Bootswagen ans Geländer stößt, und setze die Nase vorne wieder ab. Jetzt muss ich nur noch hinter das Geländer treten, das Heck wieder hochstemmen und damit so weit seitlich laufen, bis ich es hinter dem Geländer absetzen kann. Das Problem ist, dass es für »hinter dem Geländer« hier keine 5 Meter Platz gibt. Ich muss also schnell sein. Klar, ich könnte auch alles auseinanderbauen und Gepäck, Boot und Bootswagen einzeln über die Gleise tragen, aber dafür bin ich erstens zu faul, und zweitens mache ich mir langsam doch Gedanken über die Zeit, die mir bleibt, um nach Sylt zu kommen – vor allem angesichts der Wettervorhersage.

Meine Powerbank hat wohl doch was abbekommen bei dem Sturz auf dem Parkplatz und lädt nicht mehr. Ich werde öfter mal einen Kaffee trinken müssen, um Handy und Kamera mit frischem Strom zu versorgen.

Als ich am nächsten Tag vom schmalen Dünenstreifen auf den Weissenhäuser Strand und das Meer sehe, fühle ich mich schon fast wie auf Sylt. Das Wasser ist aufgewühlt, der Wind bläst stramm, unten auf der Terrasse von »Svens Surfstation« frieren ein paar Touristen in Winterjacken. Ich fülle mein Trinkwasser nach, verzurre die Ausrüstung extra sorgfältig und schiebe das Board in die flachen, aber kabbeligen Wellen.

Wieder kommt der Wind von Westen, wieder paddle ich nur rechts, nur heben die Wellen das Board heute noch stärker seitlich an, was mich immer wieder aus dem Gleichgewicht bringt.

Am Nachmittag erreiche ich den nächsten Küstenort Hohwacht. Innerhalb von zwei Stunden haben Wind und Wellen mich mürbe gemacht, und ich wechsle auf den Wanderweg, der die Küste entlangführt. Das ist die beste Idee, die ich nur haben konnte. Nach und nach heitert der Himmel auf, und die Sonne zaubert frühherbstliches Abendlicht in die weite, von Salzwiesen geprägte Landschaft. Ich durchquere ein Naturschutzgebiet mit einem lang gezogenen Binnensee und treffe einen Hobbyfotografen, der ein extrem langes Objektiv geschultert hat. »Seeadler, Kraniche, Sandregenpfeifer. Die Blässgänse aus der Arktis trudeln auch langsam ein«, antwortet er, als ich ihn nach den Motiven frage, die er sucht.

Vor mir taucht ein Leuchtturm auf. Schon seit einer Weile halte ich die Augen nach einer Möglichkeit zum Übernachten offen, aber das Naturschutzgebiet ist natürlich keine Option. Es sieht so aus, als wäre hinter dem Leuchtturm ein Waldgebiet, vielleicht finde ich dort einen passenden Platz. Zu Füßen des aus Ziegelsteinen gemauerten Lulatschs trotten braun-weiß gefleckte Rinder mit langen, sichelförmig nach vorne wachsenden Hörnern über eine Wiese. Darüber färbt sich der Himmel dunkelrot. Vom Wasser führt ein schnurgerader sandiger Weg zum Leuchtturm und gabelt sich dann. Ich nehme den Abzweig Richtung Wald, laufe an einigen Bungalows vorbei und biege dann auf einen Pfad ein, der mich ins Dunkel zwischen den Bäumen führt. Hochzufrieden, so nah am Strand einen so wunderbaren Spot gefunden zu haben, knipse ich die Stirnlampe an und sehe, dass nur 20 Meter weiter ein hoher Maschendrahtzaun mit Stacheldrahtkrone verläuft. Als ich den Zaun näher inspiziere, entdecke ich ein Schild: »Militärisches Sperrgebiet. Betreten strengstens verboten.«

Sollte mich das beunruhigen? Es ist eher das Gegenteil der Fall: Wenn da der Zaun ist, dann wird es hier auch nicht gefährlich sein, denke ich mir, koche mir etwas zu essen und lege mich in die Hängematte. Bevor ich schlafe, werfe ich noch einen Blick auf die Windvorhersage. Mut macht die nicht, aber wie hat Jozef gesagt: »Du musst von Tag zu Tag gucken.« Morgen früh laufe ich einfach runter ans Wasser und werde ja einen Eindruck davon bekommen, wie die Bedingungen sind.

In dieser Nacht träume ich, dass Peter Döbler wie ein Seehund neben meinem Board auftaucht und mich bittet, sich hinten festhalten zu dürfen. Wir sind weit weg von der Küste, werden von Flugzeugen beschossen, schaffen es aber irgendwie an Land. So wild das klingen mag – und es in dem Moment, als ich es träume, auch ist –, am Morgen danach kann ich mir die Verbindung ganz gut erklären: Peter Döbler, eigentlich Dr. Peter

Döbler, ist ein über achtzigjähriger Arzt, der in Hamburg lebt. Ich habe ihn im vergangenen Jahr mehrfach besucht, um die außergewöhnliche Geschichte seiner Flucht aus der DDR aufzuzeichnen.

Peter schwamm über die Ostsee, von Kühlungsborn bis nach Fehmarn. 45 Kilometer, in der Nacht, bei Gewitter, gesucht von der Küstenwache, die alarmiert wurde, weil man seine Klamotten in einem Gebüsch gefunden hatte. Sein Plan war nicht Harakiri, sondern ausgeklügelt: Er trug einen Taucheranzug, Schwimmbrille, war trainiert und als leidenschaftlicher Angler und Schwimmer im Wasser zu Hause. Als der Kompass an seinem Handgelenk ausfiel, navigierte er mithilfe des Mondes. Vor Fehmarn gabelte ihn ein Segelschiff auf.

Peter war es satt, in seiner Heimat Rostock Steine in den Weg gelegt zu bekommen, weil er seine Meinung sagte. Außerdem träumte er davon, einen Marlin zu fangen, seit er *Der alte Mann und das Meer* im Kino gesehen hatte. Und Marline waren selten in der DDR, genauso selten wie in Westdeutschland. Deshalb zog Peter irgendwann weiter, angelte in den exotischsten Revieren, ließ sich auf den Kapverden nieder, wo er heute selbst unter den Einheimischen noch als Marlinfischerlegende gilt.

Dass die Schüsse aus meinem Traum durchaus auch eine Vorahnung gewesen sein können, wird mir bewusst, als ich zusammengepackt habe und am Strand stehe. Der Wind hat auf Nordost gedreht, kommt also vom Wasser und schiebt deutlich höhere Wellen als gestern über die offene Ostsee. Sie treffen mit viel Anlauf auf ein flaches Ufer und brechen entsprechend unsanft. Der größte Haken an diesem Morgen ist aber der Hinweis am Maschendrahtzaun links von mir.

Tatsächlich führt der Zaun vom Wald bis runter ins Wasser, und hier gibt es auch ein wenig mehr Information, warum man nicht versuchen sollte, ihn zu umgehen: Hinter dem Zaun liegt das weitläufige Gelände des Flugabwehrschießplatzes

Todendorf. Und ja, offenbar wird dort regelmäßig scharf geschossen. Der gemauerte Leuchtturm, der hinter mir in den trüben Himmel ragt, gehört der Bundeswehr und gibt gelbe Lichtsignale ab, wenn es losgeht. Gleichzeitig steigen gelbe Leuchtraketen auf, und ein Militärschnellboot sichert den Bereich vor der Küste. Es hat nicht den Anschein, dass solche Schießübungen nur alle Jubeljahre mal stattfinden. Das Sperrgebiet zieht sich viele Kilometer die Küste hoch. Ich wäre auf dem Board viel zu langsam, um rechtzeitig aus dem Gefahrenbereich herauszukommen, wenn es losginge. Weiter draußen zu paddeln wird auch schwierig, weil Wind und Wellen mich Richtung Küste drücken, wo ich aber nicht an Land darf.

Schweren Herzens mache ich kehrt und laufe zurück am Leuchtturm vorbei, durch den Wald und weiter im Hinterland nordwärts. Eine Stunde später weiß ich, dass diese Entscheidung richtig war. Auch wenn mir kein gelbes Leuchten aufgefallen ist, knallt und ballert es vom Feinsten hinter den Linien.

15

WEITLÄUFIGE ENTSCHEIDUNGEN

Vom Truppenübungsplatz nach Flensburg

Als ich hinter dem Truppenübungsplatz wieder einen Zugang zur Küste finde, peitscht der Wind nicht nur Wellen, sondern auch Regen über die Ostsee. Ich will trotzdem raus aufs Wasser, es wenigstens versuchen. Allerdings mache ich den ersten Fehler schon, bevor ich auch nur 3 Meter geschafft habe. Auf dem hinteren Teil meines Boards ist oben die große Packtasche festgezurrt, der Bootswagen auf der Unterseite. Wenn ich das Board ins Wasser lasse, schiebe ich es also mit dem Heck voran ans Ufer, am besten – und wenn der Untergrund es zulässt – sogar so weit, dass die Räder des Bootswagens im Wasser stehen. Dann folgen die automatischen Handgriffe: Board hinten anheben, Bootswagen drunter wegziehen, Board weiter ins Wasser ziehen und parallel zum Ufer stellen, Bootswagen verstauen, aufsitzen, mit zwei, drei Paddelschlägen den Bug des Boards in Fahrtrichtung drehen, hinstellen und los. Das hat sich bewährt über all die Wochen. Ich musste aber auch noch nie bei einer Brandung starten, wie sie heute herrscht.

Ins Wasser kriege ich das Board noch, den Bootswagen auch festgezurrt, aber als ich aufsteige, mich hinknie und das Board eindrehen will, erwischt die erste Welle mich seitlich und haut nicht nur mich auf den kiesigen Sand, sondern schmeißt das ganze Board samt Gepäck um. Ich habe zwar Regenjacke und Regenhose an, nur wirklich helfen tut das nicht – das Wasser dringt in alle erreichbaren Seiten- und Hintereingänge. Kurz: Ich bin keinen Paddelschlag weiter, dafür komplett nass.

Unbeirrt wage ich noch einen Versuch, diesmal gleich mit dem Bug frontal in die Wellen. Der Bootswagen ist eh schon auf dem Board, und ob ich jetzt bis zur Hüfte ins Wasser latsche, um das Board per Hand zu stabilisieren, ehe ich zwischen zwei Wellen aufspringe, macht auch keinen Unterschied mehr. Und ja, diesmal bleibe ich oben.

Ich lege alle Kraft in die ersten Paddelschläge, komme mit Ach und Krach durch die Brandungswellen und nehme erst weit dahinter vorsichtig Kurs auf Nordwest, der Küstenlinie folgend. Auch hier draußen erwischen die Wellen mich voll seitlich. Im Stehen zu paddeln ist kaum möglich. Immer wieder gerate ich dabei schwer ins Wanken. Paddeln tue ich nur links – immerhin ein fairer Ausgleich zu den letzten Tagen.

Ich verstricke mich in einen Kampf mit den Elementen, der mir zwei Stunden lang alles abfordert. Dann bin ich so erschöpft und durchgefroren, dass ich es als Zeichen des Himmels deute, als backbord im Dunst von Sprühregen und Gischt die Seebrücke des nächsten Küstenortes zu erkennen ist. Das Anlanden ist einfacher als das Ablegen, da die Wellen mich kompromisslos ans Ufer treiben, aber trotzdem muss ich im Moment des Touchdowns blitzschnell sein, um nicht wieder zu kentern. Ich springe vom Board, greife die Heckschlaufe und stakse damit in einem weiten Bogen aus dem Wasser. Dann ziehe ich das

Board an Land und häufe mit einem Fuß einen Hügel aus Sand auf, um das Heck so darauf abzulassen, dass die Finne gerade eben in der Luft hängt. Würde ich das Board auf die Finne stellen, könnte sie abbrechen, und ich hätte ein deutlich größeres Problem als Wind, Regen und Kälte.

Hinter dem Strand liegt leicht erhöht ein breiter, von promenadenartigen Wegen flankierter Grünstreifen. Jenseits dieses platt gedrückten Deiches ist eine Reihe Häuser zu sehen. Ich bocke mein Board wieder auf den Wagen und ziehe es zu einem Unterstand, wo ich die Kleidung wechsle. Triefend nass kann ich mich nicht in ein Restaurant setzen, und nichts anderes will ich jetzt.

Die Küche ist deutsch-italienisch, und ich futtere mich zwei Stunden lang quer durch die Speisekarte. Zweimal muss ich den Platz wechseln, weil Tische reserviert sind, aber solange man mich nicht auf die Terrasse in den Regen setzt, ist mir alles recht.

Das da draußen sind also die Umstände, die der Wettergott noch in der Hinterhand hat. Ich bin wieder drauf und dran, der Vorstellung zu erliegen, ich müsste gegen jemanden antreten, um ihn (oder sie) zu besiegen. Meine Gedanken wandern zurück auf die Saale, zu jenen Tagen, als es mir gelang, den Regen anzunehmen und mich freizumachen von der Kilometerrechnerei. So ganz ausblenden kann ich die jetzt nicht mehr, aber mich stur gegen die Bedingungen zu stemmen und an einem Plan festzuhalten, den ich vor Monaten am Schreibtisch skizziert habe, das wird mich nicht voranbringen – selbst dann nicht, wenn ich Sylt rechtzeitig erreichen sollte.

Natürlich würde ich gerne so viel wie möglich auf dem Wasser sein – es liegen einige Passagen vor mir, auf denen der Wasserweg sogar deutlich kürzer ist als der über Land –, aber wenn es keinen Sinn ergibt, mein Gott, dann laufe ich halt und freue mich über den Wind, der meine Haare zerzaust.

Als ich das Restaurant verlasse, hört es gerade auf zu regnen. Ich gehe noch einmal vor zum Strand. Der Wind ist immer noch stark, aber hat leicht gedreht, und die Wellen treffen nicht mehr frontal auf die Küste, sondern schräg von Osten her. Jetzt würden sie mich eher schieben als ins Kippen bringen, zumal die Küstenlinie hier ihren Verlauf ändert und einen langen Bogen weg vom Wind beschreibt. Es ist 18 Uhr. Soll ich es noch einmal wagen oder mich einfach nach einem Schlafplatz umsehen?

Aufmerksam beobachte ich einige weitere Minuten den Wellenverlauf und schiebe das Board abermals aufs Wasser. Und tatsächlich: So sehr Wind und Wellen mich vorhin geärgert haben, so sehr helfen sie mir jetzt. Ich muss immer noch voll da sein, um das Paddel klug zu setzen und nicht im falschen Moment das Gewicht zu sehr zu verlagern, aber ich stehe, bleibe stehen und lasse den Schönberger Strand zügig hinter mir. Eine Stunde lang läuft es besser, als ich es mir hätte wünschen können, dann setzt die Dämmerung ein.

Es ist Mitte September, und im Norden Deutschlands geht die Sonne zu dieser Zeit um 19:30 Uhr unter. An Tagen wie diesen, wenn sie sich hinter dichten grauen Wolken verbirgt, fällt mir der Unterschied zu den Sommerabenden vor einem Monat auf dem Main-Donau-Kanal besonders deutlich auf. Aber ich will noch nicht an Land. Ich bin schon an Brasilien und Kalifornien vorbeigezogen, zwei Küstenorten oberhalb von Schönberg, die tatsächlich so heißen. Der Legende nach soll ein Fischer vor langer Zeit ein Stück Treibholz im Strandsand gefunden haben – ein Brett mit dem Aufdruck »California«. Er nahm es mit und nagelte es über den Eingang seiner Fischerhütte. Als einer der benachbarten Fischer das Schild sah, dachte er sich: »Was der kann, kann ich schon lange«, kramte eine alte Planke hervor, pinselte »Brasilien« drauf und befestigte sie über seiner eigenen Tür. Noch sehe ich genug, und viel Schiffsverkehr herrscht unter der Woche bei diesem Wetter abends auch nicht mehr.

Ich haue noch einmal kräftig rein und betrete erst um 20:30 Uhr wieder festen oder zumindest sandigen Boden.

Vor mir liegt der kleine Ort Stein. Viele andere Optionen hatte ich nicht – vorher war der Küstenstreifen kilometerlang Naturschutzgebiet, westlich von Stein geht es schon bald in die Kieler Förde. Aber Stein verfügt neben einem kleinen Strand und einem Küstenwanderweg auch über eine von Bäumen eingefasste Grasfläche. Zwischen dieser und dem dahinter liegenden Feld finde ich eine Möglichkeit, die Hängematte zu spannen.

Seit ich die Ostsee erreicht habe, konnte ich meine Haare nicht mehr vernünftig waschen, weil das Wasser salzig ist. In Stein gibt es zu meinem Glück nur 100 Meter von meinem Hängemattenspot entfernt eine öffentliche Toilette mit Waschbecken. Auch wenn ich meinen Kopf nicht unter den Wasserhahn bekomme, klappt das Spülen und Shampoonieren mithilfe der Trinkflaschen am folgenden Morgen ganz gut. Blitzsauber und frisch schwinge ich mich wieder aufs Board und die Ostsee.

Vergeblich habe ich auf einen Tag mit weniger oder ganz ohne Wind gehofft. Ich weiß, dass es diese Tage hier zu jeder Jahreszeit gibt, aber momentan geht es drunter und drüber. Heute weht es aus Südwesten, also ablandig.

Solange ich nah an der Küste bleibe, bietet sie mir etwas Schutz, aber an der Kieler Förde, der tief ins Landesinnere schneidenden Bucht vor der Hauptstadt Schleswig-Holsteins, fegt der Wind unnachgiebig übers Wasser. Wie vor Travemünde sind auch hier große Fähren und Frachter unterwegs, und ich muss einen günstigen Moment abpassen, um wie ein Derwisch die 1.500 Meter in Angriff zu nehmen, die es wohl bis rüber zum anderen Ufer sind. Ich darf nicht einen Moment nachlassen, sonst drückt der Wind mich raus aufs Meer. Außerdem nähert sich die Oslofähre doch schneller, als ich dachte.

Ich bin kein Risikojunkie, aber diese Momente, in denen es alles reinzulegen gilt, weil es sonst nicht reicht, um durchzukommen, die erscheinen mir als willkommene Pointen des Lebens. Die Kunst ist zu wissen, wie weit man zu weit gehen kann. Bei der Querung der Kieler Förde schätze ich die Bedingungen und meine Fähigkeiten Gott sei Dank richtig ein und erreiche platt, aber unversehrt das ruhige Wasser am Ufer gegenüber.

Nachdem ich mich eine Weile ausgeruht habe, paddle ich kilometerweit im Windschatten einer menschenleeren Steilküste, zu deren Füßen glatt gewaschene Steine in den verschiedensten Größen und die Überreste abgestürzter Bäume einen wilden Strandstreifen bilden. Dahinter erwartet mich die nächste Gelegenheit, Können, Mut, Risiken und Nebenwirkungen abzuwägen: Die Eckernförder Bucht tut sich auf. An der Stelle, wo ich sie gerne queren würde, sind es 8 Kilometer bis zum anderen Ufer. Wenn ich weiter in die Bucht hineinpaddeln würde, wäre die Strecke kürzer, weil die Bucht sich verengt, aber ich komme nicht weiter hinein, weil der Wind mich nicht lässt. Schon 200 Meter vom Ufer entfernt tragen die Wellen Schaumkronen.

Nein, es wäre blanker Wahnsinn, diese Passage völlig alleine bei ablandigen Böen, die sicher Stärke 7 erreichen, anzugehen. Morgen sollen die Bedingungen ähnlich sein, und länger zu warten kommt nicht infrage – wer weiß, was mich weiter nördlich noch aufhält. Die Alternative zu den 8 Kilometern über die Bucht ist allerdings bitter: Knapp 40 Kilometer zu Fuß, einmal die ganze Bucht runter bis Eckernförde und auf der anderen Seite wieder hoch, zurück an die Küste.

Noch am selben Tag laufe ich bis kurz vor die Stadt und übernachte in einem Wald oberhalb des Steilufers. In Eckernförde besorge ich Lebensmittel und entscheide nach eingehendem Studium von Wind- und Wettervorhersage, gleich bis Kappeln an die Schlei zu marschieren.

Es braucht weitere zwei volle Tage, bis ich dort ankomme. Wahrscheinlich liegt es daran, dass ich die Ostsee zwar nicht immer sehen, aber doch riechen kann, oder ich will einfach allzeit bereit sein, jedenfalls baue ich das Board auf der ganzen langen Strecke über Land nicht ab, sondern ziehe es in voller Pracht hinter mir her. Das führt vielerorts zu Sprüchen, die vor allem die Absender lustig finden, über die ich aber hin und wieder auch lachen kann. »Zur Ostsee geht's in die andere Richtung.« »Hamse dir das Wasser abgedreht?« »Mein Segelboot liegt noch unten im Hafen. Kannste das später auch noch holen?«

Ganz nüchtern betrachtet, ist es ja schon ungewöhnlich, wenn du in deinem kleinen Kaff ein ganzes Stück entfernt vom nächsten Gewässer am Gartenzaun stehst und mit dem Nachbarn quatschst und dann wie aus dem Nichts ein Typ vorbeischlappt, der ein meterlanges Board mit schwerem Gepäck hinter sich herzieht. Aber meine Relationen haben sich verschoben – 10 Kilometer, das klingt für mich nicht mehr nach »Um Gottes willen!«, sondern nach »Jetzt ist es nicht mehr weit«.

Die Schlei ist im Prinzip auch eine Förde, wenngleich Geologen, die es sehr genau nehmen, den langen Meeresarm als glaziale Rinne einordnen. Während der letzten Eiszeit wurde sie nicht von Gletscherzungen, sondern von Schmelzwasser geformt. Wie große Teile Schleswig-Holsteins gehörte die Region vor rund dreizehnhundert Jahren zu Dänemark. Für die Wikinger war die Schlei ein wichtiger Wirtschaftsweg. Ganz am Ende des 40 Kilometer langen Meeresarms, dort wo heute Schleswig liegt, unterhielten sie den Handelsposten Haithabu. Von dort sind es nur 16 Kilometer bis zur Treene, auf der Schiffe über die Eider bis zur Nordsee fahren konnten. Trotz dieser 16 Kilometer – die sie auf dem Landweg überbrückten – war das für die Wikinger eine weitaus interessantere Variante, von der Ostsee auf die Nordsee zu gelangen, als Hunderte Kilometer weiter nördlich durch den Skagerrak zu müssen. Ich überlege ernsthaft, ob die alte Wikingerroute auch für mich Sinn ergeben könnte, lande aber wieder bei meinen Bedenken zum tagelangen Paddeln auf einem Meer, das bei Ebbe komplett trockenfällt.

Ich quere die Schlei in Kappeln über eine Klappbrücke. Immer um Viertel vor wird sie auf Anforderung fünfzehn Minuten lang für durchfahrende Schiffe geöffnet, was vor allem die vielen Touristen entzückt, die durch den alten Fischerei- und Hafenort streifen.

Ich laufe noch ein ganzes Stück weiter die Küste hoch bis zu einer kleinen Ortschaft mit dem Namen Wackerballig. Wackerballig liegt schon am Eingang zur Flensburger Förde, von der Halbinsel Gelting gegen die Wellen abgeschirmt, die der Wind an diesem Tag wieder mit Nachdruck über das Meer hereintreibt. Das Wasser ist unruhig, und es ziehen immer wieder Regenschauer durch, aber ich will mich gebührend von der Ostsee verabschieden und noch einmal auf ihr paddeln – der Abschnitt von hier bis nach Flensburg ist die letzte Chance dazu.

Kaum bin ich ein paar Kilometer auf dem Board, erhebt sich plötzlich der glatte Rücken eines riesigen Fisches aus dem Wasser, dunkelgrau wie die See, vielleicht 50 Meter von mir entfernt. So überraschend, wie er erschien, so schnell taucht er auch wieder ab, doch das Rattern in meinem Kopf beginnt da gerade erst. Natürlich, ein Schweinswal, also genau genommen gar kein Fisch, sondern ein Säugetier! Es wurden zwar auch schon Delfine in dieser Gegend gesichtet, obwohl die Ostsee eigentlich nicht ihr Lebensraum ist. Schweinswale gibt es einige. Sie sind mit den Delfinen verwandt, sehen ihnen ziemlich ähnlich, gehören aber zu den Zahnwalen. Ihr Bestand in der Ostsee ist rückläufig, weil der Mensch zu viel Dreck und Gift ins Wasser leitet, die Schiffe zu viel Lärm machen und sich die Tiere in den Netzen der Fischer verheddern. Gejagt werden dürfen sie in Europa nicht mehr, aber landen oft als Beifang auf den Fischerbooten und werden verletzt oder verstümmelt wieder zurück ins Meer geworfen. Aber der, den ich gesehen habe, ist quicklebendig. Noch zweimal zeigt er sich, erst etwas näher, dann weiter entfernt. Vielleicht sind es auch mehrere, aber dass Schweinswale in Gruppen schwimmen, kommt sehr selten vor.

Ich freue mich über die Stippvisite und folge der Küste weiter in die Förde hinein. Nicht nur links sehe ich Land, sondern auch die Küste zu meiner Rechten kommt langsam näher. Dort drüben ist Dänemark. Ich könnte einfach rüberpaddeln, Softeis und Hotdog essen, bleibe aber vorerst noch auf der deutschen Seite, wo mein Tagesziel liegt: die Halbinsel Holnis.

Erst als nach einer ruhigen Nacht an einem Waldwanderweg die Sonne aufgeht und ich hinter Holnis das Board ins Wasser gleiten lasse, ist die Förde nicht mehr so kabbelig. Die Halbinsel schottet sie fast komplett gen Ostsee ab. Das Wetter ist freundlicher, und der Wind schiebt mich sanft nach Flensburg. Gegen Mittag erreiche ich die Hafenspitze der Stadt und damit das Ende der Förde. Jetzt scheint sogar die Sonne, und ich mache es mir auf einer der breiten Stufen bequem, die runter zum Wasser führen. In diesem Moment haben sich die Mühen und Herausforderungen der zurückliegenden Tage längst zu einer bedeutsamen Erinnerung verdichtet. Ich bin weiter als zuvor – was die absolvierte Distanz betrifft, aber vor allem mit Blick auf mich selbst. Ich habe die Erwartung losgelassen, wer weiß was herauszufinden oder zu leisten auf dieser Reise. Das Simple diesseits philosophischer Ergüsse und Heldentaten ist mir genug geworden.

In einen so großen Ort wie Flensburg werde ich nicht mehr kommen, deshalb versorge ich mich hier noch einmal mit den wichtigsten Lebensmitteln für die letzte Etappe meiner Reise, vor allem mit dem, was ich in Dänemark möglicherweise nicht mehr bekomme. Denn schon heute Nacht wird meine Hängematte zwischen dänischen Bäumen hängen. Deutschland werde ich dann erst wieder betreten, wenn ich die Küste Sylts erreiche.

Ich habe noch vier volle Tage bis zu Anjas Geburtstag. Bis an die Stelle an der dänischen Nordseeküste, die der Nordspitze

Sylts gegenüberliegt, sind es über Land ungefähr 75 Kilometer. Ich würde mir dort gerne einen Tag nehmen, um mir die Strömungen genau anzusehen und herauszufinden, wie Ebbe und Flut sich auswirken, wie schnell Sandbänke trockenfallen und wann ich am besten zu meiner Überfahrt aufbreche. Wenn alles gut läuft, kann ich vielleicht trotzdem schon am Freitag, also einen Tag vor Anjas Geburtstag, auf der Insel sein. Die Kinder und sie fiebern unserem Wiedersehen und meiner Rückkehr entgegen. Meine Vorfreude auf unsere Reunion auf Sylt ist auch riesig, aber über ihr hängt noch der Mantel der Ungewissheit.

16

VON KÜSTE ZU KÜSTE

Von Flensburg durch Dänemark bis an die Nordsee

In einem Gewerbegebiet am Rande der Flensburger Innenstadt finde ich einen großen Supermarkt. Zu meinem Erstaunen ist die Atmosphäre schon auf dem Parkplatz nicht dänisch freundlich und entspannt, sondern rau, fast unheimlich. Vorhin im Hafen habe ich mich mit einem jungen Mann unterhalten, der eine Einrichtung für Menschen mit psychischen Erkrankungen leitet. »Flensburg hat ein ernsthaftes Drogen- und Kriminalitätsproblem«, meinte er und fügte hinzu: »Grenzstadt halt.« Ich habe mir das nicht vorstellen können – bis jetzt. Es sitzen keine Junkies vor der Brötchentheke, aber ich habe das Gefühl, dass ziemlich vielen der Menschen, die hier rumlaufen, ziemlich viel ziemlich egal ist.

Nur einen Kilometer weiter, auf dem Wanderweg entlang der

Förde gen Norden, zeichnet sich wieder ein idyllischeres Bild: Spätnachmittagssonne über dem Wasser, eine Gruppe Jugendlicher beim Segeltraining, schaukelnde Kinder. Ich folge dem Küstenpfad eine Weile und biege dann auf die Straße ein, die weg vom Meer Richtung Grenzübergang führt. Als ich dort ankomme, wird es schon dunkel, und ich bin etwas nervös. Auch wenn mich das in den vergangenen Wochen wenig tangiert hat, befindet sich die Welt immer noch in einer Pandemielage, und Grenzübertritte gestalten sich mitunter schwierig.

Die Taktik, möglichst wenig Aufsehen zu erregen und unauffällig durchzurutschen, kann ich mir abschminken – ich sitze schließlich nicht in einem Auto, sondern bin zu Fuß, habe schweres Gepäck und ziehe ein Stand-up-Paddleboard hinter mir her. Andererseits habe ich nicht das Geringste zu verbergen. Ärgern können sie einen trotzdem, wenn sie wollen, das ist wahrscheinlich der Grund, warum die meisten von uns leicht angespannt sind, wenn es irgendwo über die Grenze geht.

In der letzten Kurve vor dem Kontrollposten setze ich das Board noch einmal ab und verstaue mein kleines Kamerastativ im Rucksack, damit ich die Hände frei habe. Dann gehe ich selbstbewussten Schrittes auf die Beamten zu, die vereinzelt Autofahrer herauswinken. Der ältere dänische Grenzpolizist, der sich mir emotionslos zuwendet, begutachtet meinen Pass und meinen Impfnachweis. Als ich ihm nebenher erzähle, was ich vorhabe und wo ich herkomme, hellt sich seine Miene sofort auf.

Auf einmal kommt von weiter hinten ein Zollbeamter auf uns zu und bellt etwas in Richtung meines Gegenübers. Ich verstehe kein Wort, aber es klingt nach – Ärger. »Mein Kollege sagt, Sie hätten da hinten etwas in Ihren Rucksack gepackt. Haben Sie was zu verstecken?« Ich erkläre die Sache mit dem Stativ und dass ich nicht den Eindruck erwecken wollte, an Fotos oder Filmaufnahmen vom Grenzbereich interessiert zu sein.

Ich bete, dass sie mich jetzt nicht alles auspacken lassen – ich habe das ganze Zeug doch gerade erst sortiert und festgezurrt. Der Grenzbeamte ist mir mittlerweile aber wohlgesinnt und bügelt das aufgeregte Begehren des deutlich jüngeren Kollegen vom Zoll freundlich, aber bestimmt ab. »Viel Glück für Sylt und eine gute Zeit in Dänemark«, sagt er, als er mir den Pass wieder in die Hand drückt. Erleichtert stecke ich ihn ein, greife das Board und zuckele hinein in das Land des Smørrebrød.

Der erste Eindruck ist wenig romantisch. Ich folge einer großen Straße, wahrscheinlich ein Autobahnzubringer, auf der vor allem Lkws durch eine trostlose Umgebung rollen. Eins aber fällt mir sofort positiv auf, weil es mir das Vorankommen sehr viel angenehmer macht: Es gibt Radwege, und zwar richtig gute und auf beiden Seiten.

Nach einer Stunde Fußmarsch hinter der Grenze folge ich einem Feldweg, der in ein Waldstück führt, hänge die Hängematte auf und lege mich hin. Ich kann nicht anders, als vor dem Schlafen noch einen Blick auf die Windvorhersage für die Nordsee zu werfen. Der erste schwere Herbststurm ist im Anmarsch. Vielleicht schaffe ich es gerade noch vor ihm nach Sylt. Es ist aber auch möglich, dass er mich voll erwischt. Weiterlaufen und abwarten.

Ich nehme das wörtlich, denn am folgenden Tag laufe ich so weit wie noch nie zuvor auf dieser Reise – 45 Kilometer. Es sind allerdings auch 0 Höhenmeter dabei. Die Straßen, die ich nehme, sind jetzt klein, beschaulich und wie mit dem Lineal gezogen. Manchmal laufe ich stundenlang nur geradeaus. Es gibt in dieser Region auch keine geografischen Anlässe, Kurven in die Straßen zu bauen, weil die Landschaft nur aus Äckern und ein paar kleinen Wäldern besteht, die nicht den Eindruck machen, als wären sie schon immer da gewesen. Ich komme durch keinen einzigen Ort, in dem es Geschäfte, Ampeln oder eine Schule gibt. Ein Café, meinetwegen auch einen Fast-Food-

Schuppen könnte ich ganz gut gebrauchen, um für eine halbe Stunde mein Handy aufzuladen, dessen Akku aus dem letzten Loch pfeift, aber es gibt weit und breit keins. Die wenigen Häuser, die ich passiere, erscheinen alle wie ausgestorben.

Irgendwann beginne ich nach Außensteckdosen zu suchen. Und tatsächlich entdecke ich eine an einem rot geklinkerten Einfamilienhaus mit breiter Auffahrt. Ich lasse mein Board stehen und gehe zur Haustür, um zu klingeln, aber das Einzige, was ich höre, ist das Bellen eines Hundes von innen. Ich klingele noch einmal, wieder antwortet nur der Hund. Also schließe ich mein Handy über das Ladekabel an der Außensteckdose an, gehe zurück zum Board, setze mich an den Straßenrand und mache Brot- oder besser Riegel- und Bananenzeit. Eine halbe Stunde später ist immer noch niemand aufgetaucht, und ich ziehe mein Handy wieder ab. Solange ich es im Flugmodus lasse und diesen nur dann deaktiviere, wenn ich wichtige Wegentscheidungen zu treffen habe, reicht das erst mal wieder eine ganze Weile.

Auch heute ziehen immer wieder heftige Regenschauer durch. Erst am Abend erreiche ich doch noch eine kleine Stadt. In Tønder hätte ich die Möglichkeit, noch einmal nachzuladen, will aber nicht zu viel Zeit vertrödeln – es wird dunkel, und ich brauche noch einen Platz für die Nacht. Die Küste ist schon nicht mehr weit, und Waldstücke werden immer rarer. Wenn mal ein paar Bäume zusammenstehen, dann meist als Windschutz um einzelne Höfe oder Häuser.

Einige Kilometer hinter Tønder finde ich eine zwar ungewöhnliche Gelegenheit, aber eine, die ich entschlossen ergreife: Rechts von der Straße liegt ein weißes Barockschloss, links eine weitläufige, mit hohen Bäumen gespickte Parkanlange, die ganz offensichtlich Teil des herrschaftlichen Areals ist. Da die gusseisernen Tore zum Park geöffnet sind und in der Dunkelheit ohnehin niemand mehr herumläuft, biege ich ein und suche mir auf dem Gelände eine Ecke, in der morgen früh nicht gleich der erste Jogger über mich stolpert. Ich bin mir zwar sicher, dass niemand etwas gegen meine Anwesenheit hätte – dafür sind die Dänen in solchen Dingen einfach zu entspannt –, aber ich will das Glück auch nicht unnötig herausfordern.

Mein Gewaltmarsch hat mir einen schönen Puffer verschafft. Schon morgen werde ich wieder an der Küste sein, nur diesmal nicht auf die Ostsee, sondern auf die Nordsee blicken. Wenn die Sicht nicht völlig unterirdisch ist, werde ich sogar Sylt sehen. Allerdings soll auch der Sturm morgen auf die Nordseeküste treffen.

Meine Mutter hat mir geschrieben und fragt, wann genau ich denn ankommen würde auf Sylt. Sie wäre gerne dort, um mich zu empfangen. Mein Freund Timm aus Kiel hat die gleiche Idee. Ich schicke beiden eine Sprachnachricht, wie sehr ich das zu schätzen weiß, dass ich aber lieber alleine mit Anja und den Kindern bleiben möchte. Ich habe so schon genug abzuwägen und zu bedenken – und wie es aussieht, wird es schwer genug, überhaupt auf die Insel zu kommen. Dafür braucht es meinen ganzen Fokus. Ich kann und will mich jetzt nicht noch damit beschäftigen, Leute zu koordinieren sowie eventuelle Ankunftszeiten und -orte immer neu zu revidieren. Alles, was drüben auf der Insel passiert, ist für mich momentan ehrlich gesagt noch völlig irrelevant. Obwohl Sylt jetzt so nahe liegt, befindet sich das Ende dieser Reise immer noch weit jenseits meines Horizonts. Ich habe nur die Überfahrt im Kopf und spiele an diesem Abend im Schlosspark alle möglichen Szenarien durch. Die Fallback-Lösung, mit dem Zug über den Hindenburgdamm nach Sylt zu gelangen, blende ich eisern aus.

Am nächsten Vormittag laufe ich durch Hojer, wo mir der Inhaber eines Hotels von Abertausenden Staren erzählt, die hier im September in riesigen dichten Wolken am Himmel entlangziehen und faszinierende Formen fliegen, um die Greifvögel zu verwirren. Ich habe von diesem Phänomen, das auch als »schwarze Sonne« bezeichnet wird, schon gehört, aber um es beobachten zu können, müsste ich sehr früh am Morgen oder in der Abenddämmerung an einem der Orte sein, wo die Starenschwärme sich am häufigsten zeigen, unten an der Schleuse von Hojer zum Beispiel.

Ich verspreche mir selbst, das irgendwann nachzuholen, und setze meinen Weg an die Küste fort. Es ist schon später Nachmittag, als ich das Board bei Koldby runter an den Strand ziehe. Die Sonne steht tief über der Nordsee und bricht dramatisch durch kunstvoll aufgetürmte Wolken. Darunter ragen diffus die Umrisse einer Insel aus dem Wasser – der nördliche Teil Sylts, nur gute 10 Kilometer Luftlinie entfernt.

Heute werde ich – völlig unabhängig vom Wind – nicht mehr rüberkommen, weil das Wasser gerade aufläuft und die Strömung enorm ist. Aber ich kann den Wind auch nicht ignorieren. Er ist jetzt schon deutlich stärker als alles, was mir an der Ostsee um die Ohren geweht ist.

Das Problem ist: Heute Nacht geht es erst richtig los. Ein Sturm würde meine Pläne nicht zwingend durchkreuzen. Ich wäre durchaus gewillt, mich auf einen letzten wilden Tanz einzulassen. Voraussetzung wäre nur, dass der Wind von hinten oder wenigstens schräg hinten kommt. Zurzeit fegt er mir aber frontal ins Gesicht, und gegen die Windgeschwindigkeiten, die für morgen und übermorgen angesagt sind, komme ich bei aller Paddelkraft nicht an, selbst dann nicht, wenn mich das ablaufende Wasser rauszieht. Kurz: Mein Plan ist im Eimer.

Ich könnte versuchen, an der Küste weiter südlich wieder über die deutsch-dänische Grenze zu laufen, um parallel zum Hindenburgdamm, der das Festland mit der Insel verbindet, auf die Insel zu paddeln. Möglicherweise bietet er auch etwas Schutz vor Wind und Wellen. Andererseits ist die Nordsee entlang des Damms extrem flach und schlickig. Selbst wenn ich bei

Hochwasser starte, wäre das Risiko, stecken zu bleiben, groß. Außerdem ist das Betreten des Damms, der nur Gleise führt, strengstens verboten – rüberlaufen ist also auch nicht.

Ich sehe nur eine Lösung, auch wenn die ebenfalls Unwägbarkeiten birgt und etwas verrückt erscheint: Ich muss noch einmal 20 Kilometer nach Norden wandern, wo eine Bundesstraße auf einem Damm nach Rømø, die dänische Nachbarinsel von Sylt, führt. Von deren Südspitze sind es rüber nach Sylt nur 4 Kilometer Luftlinie. Ich muss dann zwar die heftige Gezeitenströmung zwischen den Inseln queren, aber wenn ich den richtigen Zeitpunkt abpasse, könnte das klappen. Und wenn es immer noch stürmt, ist meine Strecke wenigstens kürzer. Sollte der Sturm mich gar nicht erst aufs Wasser lassen, kann ich die Fähre nehmen, die zwischen Rømø und List verkehrt.

Auch wenn ich mir das Finale dieser Reise anders vorgestellt habe, treffe ich die Entscheidung für den Weg über Rømø mit voller Überzeugung. Rumeiern bringt mich nicht weiter. Ich habe noch drei Nächte, von denen eine unmittelbar bevorsteht. Wenn ich die Rømø-Variante versuchen will, muss ich JETZT los.

17

ABSCHLUSS-PRÜFUNG

Von Koldby über Rømø nach Sylt

Wieder wird die Schlafplatzsuche zur Herausforderung. Die Bäume fehlen. Nach etwa einer Stunde mache ich einige Hundert Meter abseits der Straße zwischen einem Campingplatz und einer Siedlung ein kleines Wäldchen aus. Über einen Trampelpfad gelange ich hin. Die Frage ist nicht, ob das der richtige Ort für die Nacht ist – es gibt weit und breit keine andere Option –, sondern nur, wie ich die Hängematte so befestigt bekomme, das mir der Wind, der immer stärker wird, nicht den Schlaf raubt.

Am Ende hänge ich direkt am Wanderweg und setze darauf, dass keiner über die Schnüre stolpert, mit denen ich das Tarp sturmfest gemacht habe. Es tröpfelt schon leicht, und dabei wird es nicht bleiben. Mein Set-up hält stand und flattert nur minimal. Ich schlafe gut, was mich hoffnungsvoll stimmt. Ausgeschlafen habe ich sicher bessere Chancen auf ein erfolgreiches Finish als müde. Beim Frühstück überschlage ich zum ersten Mal, was ich noch an Lebensmitteln brauche und was ich guten Gewissens verputzen kann. Die verbleibenden Mahlzeiten sind jetzt leicht abzählbar, und ich will keinen unnötigen Ballast mitschleppen.

Als ich das Wäldchen verlasse und runter zur Küstenstraße laufe, muss ich mich bereits gegen den Wind stemmen, der von der Nordsee über den Deich kachelt. Eine Karte brauche ich jetzt nicht mehr – ich folge einfach der Küste, bis ich am Rømø-Damm bin.

Auf dem Weg stellen sich mir Hindernisse in den Weg, die ich überhaupt nicht auf dem Zettel hatte: horizontal im Boden verankerte Schafgitter, mit dem Auto oder Fahrrad leicht zu überfahren, auch zu Fuß gut passierbar, nur für Schafe eben nicht, weil die mit ihren schmalen Klauen keinen Halt auf den runden Gitterstäben finden. Allerdings habe ich auch mit dem Board so meine Probleme, weil die Reifen des Bootswagens tief zwischen die Stäbe sacken. Es braucht eine Menge Geduld und Gefühl, um – klack, klack, klack – hinter die Gitter zu gelangen.

Irgendwann gehe ich nur noch auf dem schottrigen Wirtschaftsweg direkt hinterm Deich, weil ich den Wind dort am wenigsten spüre. Die Viehgitter gehören zu den Negativseiten des Deals, aber die Pros überwiegen.

Ich sehe den Damm schon von Weitem. Er ist wahrlich keine Schönheit, sondern ein schnödes Bollwerk, das Bedingungen wie den heutigen und noch weitaus ungemütlicheren standhalten muss. Er führt schnurgerade über 10 Kilometer vom Festland bis auf die südlichste Insel Dänemarks. Die Straße hat eine Spur in jede Richtung, und auf beiden Seiten ist jeweils ein etwa 2 Meter breiter Streifen für Fahrradfahrer abgetrennt. Zu Fuß geht sicher selten jemand über den Damm, schon gar nicht bei diesem Wetter.

Als ich die Rampe zum Damm hinaufmarschiere, schüttet es wie aus Kübeln, nur kommt der Regen nicht von oben, sondern horizontal von vorne. Die vorbeibrausenden Autofahrer gucken mich an, als wäre ich völlig durchgeknallt, und ich kann sie verstehen. Gute zwei Stunden ziehe ich vornübergebeugt mit kräftigen Schritten meine Ausrüstung über die Nordsee – bei Böen mit Geschwindigkeiten bis zu 100 Stundenkilometern, sprich Windstärke 10. Nicht ein einziges Mal kommt mir dabei der Gedanke, was ich hier eigentlich mache. Ich ärgere mich nicht und wünsche mir nicht einmal, dass es leichter wäre. Es ist meine Aufgabe, aus eigener Kraft nach Sylt zu kommen, und dieser Gang gehört dazu. Stoisch und das Getose um mich herum dabei dennoch anerkennend, setze ich einen Fuß vor den anderen, bis vor mir ein unscheinbares Schild am Straßenrand auftaucht: »Rømø«.

Da will ich den nördlichsten Punkt Deutschlands erreichen und laufe schon seit dreieinhalb Tagen durch Dänemark! Gut, dass Abenteuer keinen Sinn ergeben müssen, der sich auch jenseits der eigenen Wahrnehmung erschließt. Die südlichste Ortschaft ist Havneby. Von dort legt auch die Fähre nach List auf Sylt ab. Ich will aber an die versandeten Ausläufer im Süden der Insel, so weit wie möglich gen Sylt.

Es dauert noch einmal drei Stunden, bis ich mich dem anvisierten Startpunkt der Überfahrt so weit genähert habe, dass ich mich – zufrieden mit dem Erreichten – nach zwei Bäumen für die Nacht umsehen kann. Auf Rømø gibt es erstaunlich viel Wald, fast alles erst nach dem Zweiten Weltkrieg aufgeforstet, um der Versandung der Insel Einhalt zu gebieten. Ich schlage mich in die Vråby-Plantage, wo gedrungene Kiefern auf weichem Heideboden stehen und schmale Pfade von einem Hauptweg durchs Unterholz führen.

Der Waldboden liegt so friedlich und unberührt da, überhaupt wirkt der ganze Wald so geheimnisvoll, fast märchenhaft, dass es sich nicht richtig anfühlen würde, weit in ihn hineinzutrampeln. Ich finde zwei passende Bäume am Rand eines Pfades, nur wenige Meter vom Hauptweg entfernt, und schaukle erschöpft in die vorletzte Nacht meiner Reise. Der Sturm zerrt erneut an Hängematte und Tarp, und ich überprüfe noch einmal, ob morsche Äste über mir hängen, die bei diesen Bedingungen abbrechen könnten, aber es ist alles gut. Morgen werde ich mir den Strand und die Sandbänke genauer ansehen und herausfinden, wie die Strömung und der Wind sich entwickeln.

Rømø hat den größten Strand Nordeuropas. Bei Ebbe ist der Sandstreifen, der sich an der Westküste über die ganze Länge der Insel zieht, bis zu 4 Kilometer breit. Vor allem wächst er jedes Jahr, weil die Nordsee den Sand, den sie vor Sylt abträgt, zu einem großen Teil hierherspült. Auf diesem Strand kann und darf man sogar mit dem Auto fahren.

Am Sønderstrand, dem südlichsten Abschnitt, duckt sich ein kleiner Parkplatz in die Dünen. Der ist mein erstes Ziel am nächsten Morgen. Von dort aus habe ich eine gute Sicht auf die Südspitze der Insel. Zu meinen Füßen liegt fester Strand, dahinter eine riesige Fläche, auf der Wasser steht, das der immer noch schwere Sturm hereindrückt. Hinter der Wasserfläche erhebt sich ein weiterer Dünengürtel, erst dann öffnet sich die Nordsee, und in der Ferne kann ich den Leuchtturm List-Ost auf Sylt erkennen. Links davon pflügen die Rømø-Sylt-Fähren durchs Wasser, in viel kürzerer Taktung, als ich erwartet habe. Ich frage mich noch, wie tief das Wasser zwischen meinem Standort und dem vorgelagerten Dünengürtel ist, als ich einen einzelnen Scheinwerfer sehe, der sich von dort über das Wasser dem Strand nähert. Auf halber Strecke erkenne ich, dass er zu einem Quad gehört. Und wenn ein Quad da durchkommt, dann werde ich erst mal nicht groß umbauen müssen, sondern rüberwaten können.

Ich muss einige Strandbesucher beruhigen, die schon die Nummer der Seenotrettung googeln, als ich mich mit dem Board in Bewegung setze – »Nee, ich guck' mir das nur an.

Heute paddle ich nicht raus.« (Obwohl ich es insgeheim nicht ausschließe, doch spontan abzulegen.)

Bei den Dünen angekommen, die die südlichste Barriere gegen die Nordsee bilden, setze ich mich leicht erhöht in den tiefen Sand und blicke auf das, was nun noch zwischen mir und meinem Ziel liegt. Übersichtlich ist es und doch schwer durchschaubar. 4 Kilometer Wasser muss ich queren, werde aber eine gigantische Menge davon unter mir haben, die ständig in Bewegung ist. Vor mir liegt der einzige Zu- und Ausgang in die durch den Hindenburgdamm im Süden, das Festland im Westen und den Rømø-Damm im Norden begrenzte Bucht. Sprich: Bei jeder Tide strömen 500 Millionen Kubikmeter Wasser durch das Nadelöhr zwischen den Inseln, das unter Seefahrern und Seglern auch als Lister Tief bekannt ist. Bis zu 40 Meter liegen zwischen der Wasseroberfläche und dem Meeresgrund. Würde ich zur Überfahrt aufbrechen, wenn die Strömung gerade voll rauszieht, hätte ich keine Chance.

Heute habe ich die aber ohnehin nicht, weil der Sturm noch hemmungslos über die See tobt. Es läuft alles auf einen filmreifen Showdown hinaus: Am Nachmittag wird Anja mit den Kindern auf Sylt ankommen, morgen hat sie Geburtstag. Sprich: Einmal schlafen noch, dann muss ich rüber. Zur Not würde ich sie auch Sonntag noch erwischen, aber das kann und will ich nicht einmal denken, denn dann wäre ich schlichtweg einen Tag zu spät.

Ich überlege lange, zu welcher Zeit ich morgen starten soll, und entscheide schließlich, die Überfahrt gegen 10:30 Uhr zu wagen, eine gute Stunde vor Niedrigwasser. Dann läuft die Gezeitenströmung noch gen Meer, hilft mir möglicherweise ein bisschen gegen den auflandigen Wind, und für den Fall, dass sie mich aufs offene Meer zieht, tut sie das nicht mehr allzu lange und schiebt mich ab Mittag wieder rein.

Nach dieser Entscheidung gibt es für mich nichts mehr zu

tun, außer einen Spot für die Nacht zu suchen, der näher dran ist am Strand als der gestrige, meine Ausrüstung zu überprüfen und Kräfte zu sammeln.

Nur einen Steinwurf vom kleinen Dünenparkplatz entfernt richte ich mich etwas versteckt zwischen Kiefern und wildem Gras ein. Auch wenn der Sturm ein großes Fragezeichen hinter den krönenden Abschluss meiner Reise setzt – dass ich warten muss, ist ein Geschenk. Als ich meine letzten Vorbereitungen getroffen habe, setze ich mich auf den weichen Boden, lehne meinen Rücken an einen knorrigen Baumstamm und spule dieses Abenteuer in Gedanken noch einmal zurück auf Anfang.

Es fühlt sich an, als wäre der Tag, an dem ich oben auf der Zugspitze stand, schon eine Ewigkeit her. Ich wusste an jenem 2. August, dass die prägenden Landschaften Deutschlands auf meiner Route liegen, aber nicht, wie intensiv ich sie spüren würde. Ich wollte eine außergewöhnliche, ja spirituelle Vision und habe erkannt, dass es schon reicht, einfach mit allen Sinnen voll da zu sein. Die Berge, Wälder, Flüsse und Meere sind zu meinen Verbündeten geworden, genau wie die Tiere, die mich begleitet haben, und die Menschen, deren Wege meinen kreuzten. Ich sehe den Eibsee im Schatten des Zugspitzmassivs liegen, die Isar durch ihre Auenwälder und die Donau an senkrechten Felswänden vorbeirauschen. Ich höre das nächtliche Platschen der Biber im Fluss, Salsa- und Reggaeklänge in der Abendluft. Ich schmecke lauwarmen Brennnesseltee und salziges Wasser. Ich rieche Sonne auf meiner Haut und den Rauch aus dem Ofen des Fischverkäufers an der Saale. Ich fühle den Morgennebel der Elbe in meinem Gesicht und die sanfte Hand der Nonne auf meiner Stirn. Die vergangenen Wochen waren rappelvoll mit Eindrücken, die ich mitnehmen werde. Denn dessen bin ich mir sicher: Morgen mag ich auf Sylt ankommen, ob paddelnd oder mit der Fähre, aber diese Reise wird damit nicht zu Ende sein. Meine Zeit zwischen der Zugspitze und Sylt bildet nur den Auftakt zu etwas, was ich in diesem Moment noch nicht greifen kann.

Ich empfinde tiefe Demut und Dankbarkeit. Vielleicht ist das schon Zen oder so – ich habe mich nie näher mit Meditation und Buddhismus beschäftigt –, aber gerade erscheint mir alles im Fluss. Mir ist klar, dass die Welt, in der ich lebe, nicht rosarot ist. Wenn ich möchte, dass auch unsere Kinder in zwanzig Jahren noch durch Wälder wandern, dann kann ich nicht die Hände in den Schoß legen. Und ja, wir brauchen ganz bestimmt mehr Miteinander als Gegeneinander – ich habe durchaus vor, das auch zu praktizieren und nicht nur zu fordern. Aber hier in den Dünen von Rømø unter dem windschiefen Kiefernbaum habe ich weder Sorgen noch Pflichten im Kopf. Hier bin ich einfach ein sehr zufriedener Erdenbürger, der sich über gestern und heute, aber auch auf morgen freut.

Ich sitze lange da, bevor ich mir zum letzten Mal mein Abendessen zubereite. Der Sturm fegt in meine Hängematte. Wie ein Ballon steht sie hoch in der Luft, nur von den Befestigungsgurten zu beiden Seiten zurückgehalten. »Dänemark … «, erneut schüttle ich schmunzelnd den Kopf. Ich kann kaum begreifen, dass ich mich wirklich bis so hoch in den Norden durchgeschlagen habe.

Anja schreibt, dass sie gut angekommen sind. Ich antworte, dass ich mich unfassbar freue, sie und die Kinder morgen zu sehen, aber noch nicht genau sagen kann, wann und wo das der Fall sein wird. Das sei Teil der Überraschung, schließlich ist morgen Geburtstag.

Als ich liege, hängt mein Bett wieder im Lot, so viel Kraft bringt der Wind dann doch nicht auf. Ich schaukle ruhig in die dreiundfünfzigste und vorerst letzte Draußennacht in Folge, wie immer – bis auf das eine Mal mit den Kaffeesäcken – in der Hängematte.

Noch ehe ich einschlafe, habe ich längst meinen Frieden mit den Bedingungen geschlossen, die mich am nächsten Morgen erwarten. Egal wie sie sind – ich werde aufstehen und was aus ihnen machen. Der Underquilt wärmt mich von unten, während über mir die ersten Sterne funkeln. Ein gutes Zeichen.

Samstag. Nach meiner Zeitrechnung, in der ich zur Stunde null mit Sack und Pack am Gipfelkreuz der Zugspitze stand, Tag vierundfünfzig. Dass es der Himmel gut mit mir meint, merke ich schon im Halbschlaf: Der Sturm hat sich tatsächlich gelegt. Ich öffne die Augen, blinzle aus meinem Schlafsack und sehe eine dichte Wolkendecke, die aber die Ruhe weg zu haben scheint. Gestern trieb der Sturm die Wolken nur so vor sich her, tiefdunkle und schneeweiße, aufgetürmte und zerfetzte. Mal brach das Blau des Himmels durch, mal die Sonne. Heute ist da nur eine Farbe: Grau. Für mich ist es das schönste Grau der Welt, bedeutet es doch, dass die Hoffnung auf eine erfolgreiche Überfahrt nach Sylt aber so was von lebendig ist.

Ich streife den Schlafsack ab, springe aus der Hängematte und laufe noch in Unterwäsche vor auf den Wanderweg, der durch die Dünen führt, um aufs Meer zu blicken. Ja verdammt, wenn es so bleibt, dann fahre ich gleich da raus und versuche mein Glück! Zurück an meinem Lager checke ich die Wettervorhersage. Ob es regnet oder die Sonne scheint, ist mir völlig egal, mich interessiert nur der Wind. Abnehmen wird er, sagt die App, mit jeder Stunde weiter abnehmen. Beseelt stecke ich das Handy wieder weg. Ich brauche also nichts zu überstürzen und kann bei meinem Plan bleiben, um 10:30 Uhr aufzubrechen.

Das letzte Frühstück ist üppig. Alles bis auf ein paar Energieriegel und Bananen muss weg. Meine Ausrüstung verstaue ich noch gewissenhafter als sonst in der großen schwarzen Gepäcktasche. Ich ziehe die Shorts an, streife die Regenjacke über den nackten Oberkörper und pumpe zur Sicherheit noch mal einige Stöße Luft in das Board. Zähneputzen, Geschäfte erledigen, ein paar

Minuten dehnen – ich habe die Zeit für das komplette Morgenritual, ehe ich den Bootswagen unter das Board schnalle und mein so treues Vehikel unter den Bäumen hervor durch den tiefen Dünensand rüber zum Parkplatz und runter zum Strand bewege.

Das Wasser steht flach im Bassin vor dem äußersten Dünengürtel. Ich spüre die fragenden Blicke der wenigen Beobachter, die am Strand unterwegs sind, als ich meine Füße ins Wasser setze, um das Board hinüberzuziehen, aber habe heute nicht das Gefühl, irgendetwas erklären zu müssen.

Als ich die Stelle erreiche, von der ich das Board in die Strömung des Lister Tiefs schieben möchte, ist es erst 9:30 Uhr. Am liebsten würde ich sofort starten, aber das wäre voreilig und dumm. Außerdem habe ich mich noch nicht wieder bei Anja gemeldet. »In einer Stunde paddle ich los. Wahrscheinlich komme ich gut einen Kilometer westlich vom Leuchtturm an Land. Gratulieren tue ich dir dann. Gleich haben wir uns wieder!«, tippe ich in mein Handy.

Der Leuchtturm List-Ost ist meine verlässlichste Orientierungshilfe. Ihn werde ich anpeilen, aber die Strömung wird mich vermutlich westlich versetzen. Und irgendwo da, auf dem etwa 2 Kilometer langen wilden Strandabschnitt zwischen Leuchtturm und dem Ende des Lister Ellenbogens liegt er, der nördlichste Punkt Deutschlands. Ich kann ihn von hier unmöglich ausmachen, habe also auch keine Ahnung, ob ich dort lande.

Ich laufe zur Wasserkante vor, die sich ganz langsam weiter Richtung Meer verschiebt, und sehe, dass ich trotz aller Euphorie sehr aufmerksam bleiben sollte: Etwa 100 Meter vor mir hat die Wasseroberfläche eine Struktur, die ich so noch nicht gesehen habe in all den vielen Stunden auf dem Board. Ich kann keine klare Bewegung des Wassers ausmachen, eher scheint etwas von allen Seiten an ihm zu zerren.

Ich versuche noch, einen Grund für dieses merkwürdige Phänomen zu finden, da taucht plötzlich weiter rechts und viel näher am Strand etwas Schwarzes, Schnurrbärtiges aus dem Wasser auf – nicht Peter Döbler, sondern tatsächlich ein Seehund. Minutenlang beäugen wir uns. Dann verabschiedet er sich mit einem seitlichen Platscher, und meine Augen wandern wieder über das Lister Tief zum flachen Küstenstreifen drüben auf Sylt. Es ist Zeit.

Mit einer Mischung aus Urvertrauen und großem Respekt vor der Kraft des Meeres schiebe ich das Board aufs Wasser und steige auf. Jeder Paddelschlag, den ich mache, bringt mich näher an den undurchschaubar wabernden Meeresstreifen, an dem es kein Vorbei gibt, wenn ich raus auf das Tief und rüber nach Sylt will.

Als ich ihn erreiche, wird mir klar, dass der Meeresboden hier offenbar abrupt abfällt und die undefinierbare Bewegung oder Nichtbewegung der Wassermassen den Übergang zum großen Gezeitenstrom markiert. Ich habe gelernt, in solchen Situationen, wenn verschiedene Strömungen aufeinandertreffen, bedächtiger und gezielter zu paddeln, nicht wild dagegen an. Und auch hier, wo es unter mir gespenstisch ruhig und spannungsgeladen zugleich ist, komme ich wohlbehalten durch.

Als ich das Tief erreicht habe, nehme ich den Leuchtturm ins Visier und paddle kräftiger. Nach etwa zwanzig Minuten weiß ich: Es klappt. Der Wind, der noch vom Meer her weht, und meine Paddelschläge halten mich trotz Gezeitenstrom auf Kurs. Während die Umrisse der Küste vor mir immer schärfer werden, verlieren sich die letzten Zweifel in der salzgeschwängerten Luft.

Bald kann ich einzelne Dünenzüge erkennen, davor den breiten Sandstreifen. Ich nehme etwas Tempo raus, um mit der Strömung weiter nach Westen zu treiben, und suche am Strand nach einem Zeichen für die richtige Anlandestelle. Mehr intuitiv als überlegt deute ich einen langen, hoch aufragenden Stab, der wie ein Speer im Sand steckt, als ein solches und halte fortan auf ihn zu.

Eine gute Stunde nachdem ich Rømø verlassen habe, setzt die Nase meines Boards am Strand von Sylt auf. Ich springe ab, ziehe das Board ein paar Meter auf den Sand und schicke einen lang gezogenen Jubelschrei in den Himmel, der immer mehr auflockert. An der Stange im Sand ist ein kleines, mit Treibholz umrahmtes Schild befestigt. Wie viel Glück kann man an einem Tag haben? »Herzlich willkommen am nördlichsten Punkt Deutschlands« steht darauf. Ich bin genau da, wo ich sein wollte.

Ich schicke Anja die Erfolgsmeldung und meinen Standort. Sie hat mich ein ganzes Stück weiter östlich erwartet. Noch einmal setze ich mich und blicke aufs Meer hinaus. Ein Bergsteiger, dessen Namen ich vergessen habe, hat mir mal gesagt, dass der schönste Moment für ihn nicht der auf dem Gipfel ist, sondern der kurz davor, wenn die Gewissheit aufsteigt: Ich werde es schaffen, gleich bin ich da, jetzt kann nichts mehr dazwischenkommen. Ich kann ihn verstehen. So unglaublich es ist, hier zu sein, und so fantastisch es wird, gleich Anja und die Kinder in die Arme schließen zu können, so sehr verliert das Ziel doch in dem Moment seine Magie, in dem es erreicht ist.

Vielleicht war ich auch deshalb schon gestern so zufrieden, weil es mir gelungen ist, in all den Momenten, in jeder Herausforderung auf dem Weg das Besondere zu sehen – anstatt durchzurauschen und mich am Ende zu wundern, dass das Ziel auch nur ein Ort ist.

Als ich in meinem Rucksack krame, um den letzten verbliebenen Riegel herauszuholen, fällt mir Lunes, mein Tennisball, ins Auge. Ich habe völlig vergessen, ihn für die Überfahrt sichtbar auf dem Board zu befestigen. Offenbar habe ich ihn aber auch gar nicht gebraucht.

Der Strand am Lister Ellenbogen ganz im Norden von Sylt ist herrlich weit, einsam und abgelegen. Trotzdem sind um diese Zeit natürlich einige Spaziergänger unterwegs. Ich nicke gerade einem älteren Pärchen, das sich über meine Erscheinung wundert, zu, als ich »Paaapa!«-Rufe höre. Ich drehe mich um, sehe meinen Sohn durch den tiefen Sand sprinten und breite die Arme aus. Kurz darauf halten wir uns so fest, wie wir nur können. Unsere Tochter ist die nächste, und dann verschmelzen wir alle vier zu einem dicken Knäuel. Happy birthday. Ich bin da. Voll da. Und ich habe nicht vor, das wieder zu ändern.

INDIANASUP 14

PACK-LISTE

BEKLEIDUNG

- Leichte Kunstfaserjacke
- Leichte Regenjacke
- Leichte Regenhose
- 2 Merinoshirts lang und kurz
- 2 Merinounterhosen lang und kurz
- 1 Merinounterhemd lang
- 1 Paar Merinosocken
- Merinobuff
- Merinostirnband
- Zip-off-Trekkinghose
- Boardshorts
- Leichte Wanderschuhe
- Neoprensocken

SUP-AUSRÜSTUNG

- Touring-SUP 14' mit Pumpe
- 2 Carbonpaddel, großes und kleines Blatt
- 2 Finnen, Standard und Touring
- Bootswagen

- Leash
- Schwimmhilfe

Schlafen

- Hängematte mit Moskitoschutz
- Befestigungsgurte für Hängematte
- Tarp
- Underquilt
- Daunenschlafsack

Taschen

- Wasserdichter Rucksack
- Wasserdichte Expeditionstasche
- Kleine wasserdichte Tasche mit Gurtschlaufe

Sonstiges

- Klettergurt ohne Beinschlaufen als Multifunktionsgürtel
- Stirnlampe
- 2 kleine Mikrofiberhandtücher
- Gaskocher
- Kartuschen für Gaskocher
- Besteck
- Aluminiumtopf mit Kunststoffschale
- 2 Trinkflaschen
- Multitool
- Kletterhelm
- Feuerzeug
- Zurrgurte
- Handschuhe
- Einige Meter Seil

- Karabinerhaken
- Einige Meter elastische Schnur
- Grabschaufel
- Outdoorshampoo und -seife
- Zahnputztabs
- Zahnbürste
- Kontaktlinsen
- Erste-Hilfe-Set

Details zu den einzelnen Produkten sowie zu meinem technischen Equipment, das ich hier nicht aufgeführt habe, findest du hier: www.christofoerster.com/abenteuerland-packliste

APPS

- Wasserwander-App *Canua*
- Outdoor-Navigations-App *Komoot*
- Wetter-App *Windfinder*

BEHIND THE SCENES

»Abenteuerland« wird zum Film

Schon kurz nachdem ich die Idee zu meiner Reise von der Zugspitze nach Sylt hatte, sprach ich mit meinem alten Freund Kai Hattermann darüber. Und weil Kai Filmemacher ist und sofort in Bildern denkt, sagte er: »Lass uns eine Doku darüber drehen.« Viele Überlegungen und Diskussionen später entschieden wir uns für den Versuch, ein Crowdfunding zu starten, um die Produktionskosten decken zu können. Der Film sollte unabhängig und frei werden wie die Reise selbst, nicht dem Drehbuch eines TV-Senders oder Streaminganbieters folgen. Das Crowdfunding war ein voller Erfolg. Als ich zur Zugspitze aufbrach, lief Kai also mit der Kamera neben mir her. Er begleitete mich auf dem Weg nach Sylt auch danach immer wieder für einige Tage, dazwischen habe ich selbst gefilmt. In diesem Buch taucht Kai jedoch nicht auf. Ich finde, das hätte meinem Bericht mehr genommen als gegeben.

Übrigens hat auch Jozef mich nicht nur für einen Tag auf der Elbe besucht, sondern war ebenfalls an anderen Tagen in seiner Funktion als Fotograf dabei. Als wir auf der Elbe zusammenkamen, taten wir das aber rein als Freunde, deshalb erzähle ich im Buch von diesen gemeinsamen Stunden.

Ich würde mich freuen, wenn du dir den Film »Abenteuerland« ansiehst, am besten bei einer der öffentlichen Vorführungen. Mehr Informationen dazu findest du hier:
www.christofoerster.com/abenteuerland-film

DANKE

Es gibt eine Menge Leute, denen ich zutiefst dankbar bin. Nennen will ich hier nur die, die maßgeblich dazu beigetragen haben, dass ich die Reise, von der ich in diesem Buch erzähle, machen konnte und dass ich auf Sylt angekommen bin. Und auch denen, die dazu beigetragen haben, dieses Buch zu produzieren …

Anja und unseren Kindern für ihre Liebe und den grenzenlosen Support. Kai Hattermann für die Begeisterung, den Quatsch und das Streben nach Gutem. Jozef Kubica für den Blick, die Geschichten und die Lösungen. Nicole Hoppe, Jan Boroewitsch, Philippe Opigez und Ole Windgaßen für ihren Einsatz und ihre Ideen zu Wasser und zu Land. Jeder einzelnen Person, die mir unterwegs Hilfe angeboten, meine Wasserflaschen aufgefüllt, erzählt oder einfach nur im Vorbeigehen gelächelt hat. Meinen Sponsoren Globetrotter Ausrüstung, Icebreaker, Ortlieb, Indiana Paddle & Surf und Ticket to the Moon für ihr Vertrauen. Dem ganzen Team meines Verlags HarperCollins, insbesondere Nannette Elke und meiner Lektorin Friederike Moldenhauer, für die Umsicht und die Wertschätzung. Danke!

BILDNACHWEIS

Fotos Innenteil: © Jozef Kubica Photography, Hamburg

S. 60–61, 72–73, 126–127, 145, 157, 167: © Christo Foerster

S. 84, 89, 92: © Nicole Hoppe

S. 170–171: © Kai Hattermann

Karte S. 9: Map tiles by Stamen Design, under CC BY 3.0. Data by OpenStreetMap, under CC BY SA

Gestaltung Karte: Annalena Weber, Grafik- und Buchdesign, Hamburg